スクールリーダーのための 教育効果を高める マインドフレーム

ジョン・ハッティ、レイモンド・スミス 著
原田 信之 訳者代表

可視化された学校づくりの10の秘訣

Mindframes for Leaders: The VISIBLE LEARNING® Approach to School Success

北大路書房

10 MINDFRAMES for LEADERS:

The VISIBLE LEARNING® Approach to School Success

edited by

John Hattie & Raymond Smith

邦訳版の刊行に寄せて

リーダーシップに関する文献は非常に多く、まさに乱立状態にあります。しかし、リーダーがどのように考えるべきかに焦点化した文献はあまり多くはありません。「*Visible Learning*（可視化された学習）」の一連の書籍を出版すると、読者や批評家は、その背景にあるストーリーにではなく、影響力のランキングに関心を示すことがすぐに明らかになりました。そこで、可視化された学習の実践を学校に根づかせるのに必要となる、主要な評価的思考スキルに注目が当たるように、10のマインドフレームを開発することにしました。リーダー向けの文献が必要だと感じられたからです。本書のねらいは、さまざまなテーマやすばらしいアイデアを取り入れる複数の機会を提供し、リーダーの目を、診断すること、高い見込みのある介入を選択・実施すること、そしてその介入の影響をどのように評価するのかに向けさせることです。また、教職員全体にコレクティブ・エフィカシー（集合的効力感）の網を張りめぐらし、その影響を評価し、その影響の大きさを知る方法を学ぶことでもあります。

リーダーシップ（校長や教育長などの管理者）が生徒の学力に与える影響は、600以上の研究から取り出された1350以上の効果に基づく17のメタ分析の平均効果量は0・40であり、生徒の学力に対する間接効果としては評価できるものです。これら17のメタ分析のレビューから、ハイ・インパクト（高い影響力）を有する「できる」リーダーには、5つの主要な特性があることがわかりました。

1　生徒への影響を最大化するために、学校内のすべての人が共有する物語をつくりだしている。
2　全員に高い期待をもち、挑戦的な目標を掲げて推進している。
3　仕事をするための支援プロセスや仕組みを提供している。
4　影響を最大化するために、集団指導に熟達している。
5　学校全体および学級内での介入を効果的に実施・評価し、どのようにすれば効果が高まるのかを知っている。

リーダーには、カリスマ性や特別な魅力、ヒーローや偉人型のモデルがイメージされがちです。しかし、ビジョンを説いて、全員を先導する旗を掲げるような変革的リーダーの影響は低下してきています。教職員への個別サポートの提供、行動モデルを示すこと、条件つき報酬の提供、教師の個人的側面への配慮、リーダーの行動を現状のニーズに合わせること、例外による管理［訳者注：異常が発生したときだけ上層部に報告し、上層部が問題解決にあたる方式］などは少なくなっているのです。その代わりに、ハイ・インパクト・リーダー、つまり、1年分の教授と指導に対して1年分の学びをもたらすリーダーは、教え方や指導が生徒の学習にどのくらい効果的かに目を向け、全員（教職員や学校関係者、生徒）が成功するには安心できて快適で公平な環境や仕組みをつくり上げることこそが大事だと信じ、全員で取り組む力を重視しているのです。つまり、スクールリーダーにとっては、何をするか（リーダーシップの実践）よりも、自身の役割についてどう考えるかといった、自身のマインドフレーム（＝考え方や受け止め方）が重要なのです。

こうしたハイ・インパクト・リーダーになるには、支援的で、公平であり、安心して過ごせる学級環境を保つ必要があるのと同様に、支援的で、公平で、安心して過ごせるマネジメントを行なえるなど、ハイ・インパクトを実現するためのそれなりの考え方や前提条件があります。ハイ・インパクト・リーダーには、すぐれた問題解決能力、すぐれたマネジメント能力、集団として高い成果を期待し実現するためのスキルと自信の構築、学校の使命を果たすように教師たちをその気にさせ、動かしていける能力も必要とされます。

このようなハイ・インパクト・リーダーシップは、生徒や教師が成長の手ごたえをつかみ、幸福が感じられ、自己と他者を尊重する学習を実現するために、学校や学級を魅力的な場所にしたいと願うリーダーの思いと無関係ではありません。これは、学習につながる教育の本業にすべてを集中させ、望ましい学習とは何かについて明確なビジョンをもち、教師とその生徒のために適度に挑戦的な目標を掲げて推し進めるという信念をもつことでもあります。

それには、多くの場合、現状を信じ、それに挑戦しようとするリーダーが必要です。

ハイ・インパクト・スクールリーダーは、こうした高い期待を実現させるための仕事の条件を知っており、創造的に支援することができるのです。彼らは、外的なプレッシャーや中途半端さを減らすことで授業や学習時間を保持し、教室の内外で秩序ある支持的な環境を確立する（d=0.49）などして信頼を勝ち取っているのです。また、効果を最大化するために教師をその気にさせるような知的な刺激を与え、高確率でイノベーションに影響を与える方法を学び（d=0.64）、これらの目標をともに達成できるように、教師同士で批評したり、質問したり、サポートし合ったりすることのできる安心感のある環境をつくることができるのです。これは、教師が有意義に協力して、コレクティブ・エフィカシーが発揮できるような学習に焦点を当てるものです。

効果的なリーダーシップについてあまり研究されていないトピックが、実行力と評価的思考力なのかもしれません。つまり、学校で実践されたことの有効性と生徒の学習への影響をスクールリーダーがモニターしていたかどうかです（r=0.56）。鍵は実行力にあります。しかし、実施方法が悪いと、不信感や混乱を生み出し、学校の雰囲気を台無しにしてしまう可能性があります。逆に、積極的に実施することで、職員が一丸となり、コレクティブ・エフィカシーを発揮することができます。私たちは、リーダーたちと仕事をしていて、実行モデルをもっている人がいかに少ないか、また、ビジネス、工学、医学とは異なり、教育関係の文献には、リーダーの思考と実践のベースとなるモデルがほとんどないことに気づかされます（Hamilton & Hattie, 2022を参照）。

本書は、ハッティとチィーラー（Hattie & Zierer, 2018）のマインドフレームや思考法、教師のマインドフレームとそれを支える影響に関する説明に基づき、成功するリーダーシップの中心ではどのような「マインドフレーム」が働いているのかに読者の関心を向けることを目的としています。本書は、成功するリーダーは、「なぜ（Why）」（彼らが信じているマインドフレーム）の問いかけから始まり、そして「どのように（How）」（これらのマインドフレームを運用するリーダーが用いる実践はどのようなものなのか）を問いかけ、最後に「何を（What）」（指導と学習においてこれらの信念と実践がどのような影響をもたらしているのか）に向かうというサイモン・シネック（Sinek, 2009）の原理を当てはめて考えるところから始めています。

マインドフレームは10種類あり、世界最高の専門家にマインドフレームごとに1章ずつ寄稿してもらいました。本書の使命・精神は、すぐれたリーダーの考え方について有益な情報を提供するところにあります。その日本語版を出版してくださった訳者代表の原田信之氏に敬意を表します。

ジョン・ハッティ、レイモンド・スミス

Contents

目次

Chapter 2

Chapter 3

Chapter 8

何ができたら成功なのかを最初から教師と生徒に明確に伝えている　138

Chapter 9

間違えても他者から学んでも安心して学習できるように　人間関係と信頼関係を築く　151

Chapter

0 はじめに：行なうことの影響をいかに考えるかは、何を行なうかにこだわるよりも重要である

John Hattie and Raymond Smith
ジョン・ハッティ，レイモンド・スミス

1 お役所仕事と理屈より実践

2008年の冬のことだが、ニュージーランドのオークランド大学教育学部教授のヴィヴィアン・ロビンソン博士は、同僚のロイドとケン・ロウとともに、異なるリーダーシップでものごとを進めていった場合の生徒の成績に及ぼす影響に関する研究を発表した。彼らは、特に、スクールリーダーが「生徒の成績に及ぼす影響は、どのようなリーダーシップ実践に取り組んでいるかによって異なる」ことを発見した（Robinson, Lloyd, & Rowe, 2008, p.637）。ロビンソン博士らは有能なリーダーがもつべき5つの主要な視点を特定した。それは、「目標と期待の設定」「方略的な資源」「教え方とカリキュラムの計画・調整・評価」「教師の学習と能力開発の促進・参加」、そして「秩序ある協力的な環境の確保」である。この発見により、ロビンソン博士とその同僚たちは、「リーダーシップの影響に漫然と焦点化するよりも、リーダーシップの影響について検討し、生徒の成績により大きなプラスの違いをもたらすような実践の頻度と配分を増やす」（pp.637-638）ことに研究者と現場の人の注意を引き寄せることを示唆した。しかし、スクールリーダーがたんに高い見込みのある

実践に焦点を移すだけで十分なのだろうか。

そうではないと思う。当然のことながら、スクールリーダーにとっても、時間や費やすエネルギーや資源は無限にあるわけではない。そう、人間関係や学校経営、基本的な財政上の判断を身につけていなければならないのである。だからこそ、どこをどのようにすればよいかを考えて、自分の身を守るために、自身の時間、労力、影響力を最も有効に使わなければならない。どこでリーダーシップを発揮するのか、どこに最大の効果を生み出すのかを判断し、その方向に意図的に舵を切っていかなければならない。そうなのである。より高い見込みのある実践に注目することは、最初の一歩を踏み出すことなのである。しかし、それだけでは十分ではない。なぜなのか。スクールリーダーが、なぜ（Why）そのようなことをしているのかを理解せず、また、彼らが行なったこと（What）の影響に着目することなく、ただ高い見込みのある実践に近視眼的に着目することは、次々にやってくる革新や影響に対し、目的もなくさまようような仕事にスクールリーダーを追い込むことになるからだ。逆にHow（＝高い見込みのある実践）のないビジョンは、非現実的な空論である。有能なスクールリーダーは、マインドフレーム（＝考え方）や信念（ビリーフ）を語り、それを実践（How）と結果（What）を通じて証明している。

スクールリーダーの実践は、お役所仕事のように自身の役割を果たすことから、スクールリーダー自身がその役割がどんなものなのかと考え出すことで変化が起こる。言い換えれば、スクールリーダーが何をするか（特定のリーダーシップ実践）よりも、何をどう考えるのか、その考え方（マインドフレーム）のほうが重要なのである。つまり、スクールリーダーは、自身の信念（ビリーフ）や価値観やマインドフレームから、自らの行動を説明することで教師、親、生徒への影響を最大化させるのだ。では、その「考え方」とはどのようなものであり、それはスクールリーダーにどのように根づいているのだろうか。本書の大きなテーマは、これらの問いに対する答えを探ることである。

まずは、2人のスクールリーダーが、施設管理、人間関係、専門的な学習や会議の実施、教室のウォークスルー（学校巡回）など、多くの同じような仕事をしていると想像してみよう。この2人のスクールリーダーの違いは、重要な解釈をどのように処理し、どのように伝えているかにある。次のような例で説明してみよう。ジョエルはスクールリーダーとして、学校の全員が共同で決めた目標や期待を知り、取り入れ、推進すること、その目標を実現するために方略的資源を準備すること、目標に沿ったカリキュラムと教え方を構築し評価することに多くの時間を割いている。エマもスクールリーダーだが、学校の大人たち（教師、アシスタント、フロントオフィス、サポートスタッフ、図書館員）の影響力――影響力の意味する模範的な姿を大人たちが示していること、1年間の成長がどのようなものかを知っていること、影響力の概念には達成度や社会・情動的な側面が含まれていて、その影響が多くの生徒に行き渡っていないと示されれば、プログラムを修正して適応させること、など――のほうにより注目している。また、彼女はしっかり整った支援環境を確保し、その影響を最大にするために教師が学ぶように促したり、資源を提供したり、目標や期待が適切であるかどうかをいつも問い続けている。正しい目の付けどころであること以上に、その目の付けどころが学校の生徒たちに然るべき影響を与えるようにするための考え方のほうを重視している。

2 サイモン・シネックとゴールデンサークル

この考え方は、サイモン・シネック（Simon Sinek）の著書『*Start With Why: How Great Leaders Inspire Everyone to Take Action*（WHYから始めよ：偉大なリーダーはいかにして皆に行動を起こさせるか）』［訳者注：Sinek, 2009；邦訳は[14]頁を参照］でも裏づけられている。この本の中でシネックは「重要なのは、何をどのように行なうかではなく、何をどのように行なうかがあなたのWHYと一致しているかどうかである」（p.166）という考えを強調している。そのため実践にだけ着目することは、たとえ高い見込みのある実践であっても、成功の秘訣としては不完全なレシピであることを意味する。成功するリーダーは、「なぜ」を語り、それを「行動」で証明しているのである。このようなリーダーにとって一番の問題は、なぜ何かをしなければならないかということである。この問いに答えることで、彼らはどのように何か（例：高い見込みのある実践）を行なうかという問いにつながり、最終的に何を（その行動の結果）にたどり着く。シネック（Sinek, 2019）はさらに最近、リーダーは結果に責任をもつのではなく、結果に責任をもつ人々に対する責任を有

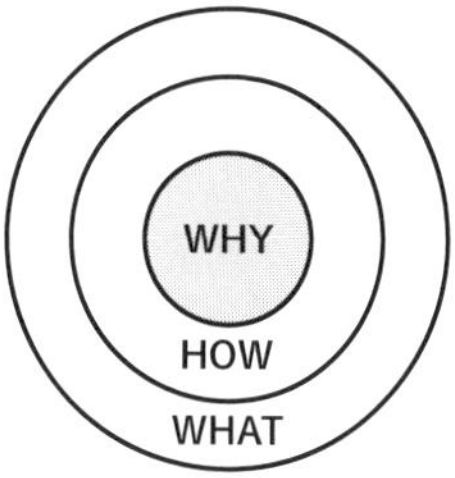

Why = 信念（マインドフレーム）
スクールリーダーとしての役割について

How = 高い見込みのある実践
可視化された学習研究からの効果的な実施方法として導きだされたもの

What = 結果
生徒の学力の向上や達成に効果のあるもの

図 0-1　ゴールデンサークル

サイモン・シネックを改編、可視化された学習研究のサイト
www.visiblelearningmetax.com を参照

すると述べている。「そして、組織の遂行能力（パフォーマンス）を向上させる最良の方法は、情報の風通しがよくて、間違いにスポットライトが当てられ、しかも支援が提供され、受け取れるような環境をつくることだという。要するに、人が仲間内で安心できる環境のことであり、これをつくることがリーダーの責務である」（p.129）。リーダーには、（私たちが影響と呼ぶ）結果の重要性について考えを示す責任があると私たちは主張する。たんにテストの点数を上げるだけでなく、もっと重要な結果がたくさんある。何をめざしているのかについて全員が同様の考えをもつようにすること、そしてどの程度成功しているか、また、どの程度成功することを望んでいるか、成功する必要があるのかについて支援する責任がリーダーにはあると主張する。リーダーは、学習に必要な影響を与えるために全員に資源が提供されるようにしなければならないし、それが実現したときにはそれを褒めたたえる必要がある。

結局のところ、成功の秘訣は図0-1に描かれているように、シネック（2009）が「ゴールデンサークル」（p.37）と呼んだものである。成功の原点は、内側の円の「なぜ」という問いかけにあり、そこからスクールリーダーが「どのように」「何を」という問いを投げかけることで放射状に広がっていく。

このシンプルで強力なモデルをマインドフレームの考え方と「可視化された学習」の関係に当てはめると、シネック（2009）のゴールデンサークルに次のような文言を加えることとなる。マインドフレームとは、私たちのWhy（なぜ）である。私たちの主な役割は、生徒の学習に与える影響を評価すること、その影響と次のステップを知らせる手段として評価を用いること、影響について同僚や生徒と協力すること、変化をもたらすこと、たんに「最善をつくす」だけでなく何かにチャレンジすること、生徒や教師にフィードバックを与え、理解させ、与えられたフィードバックを解釈して行動させること、対話を行なうこと、成功した姿がどのようなものかを最初から伝えておくこと、人間関係や信頼を築くこと、学習と学習中に発せられる言葉に集中することといった信念（ビリーフ）を表わしている。可視化された学習の方略とプロセスは、私たちのWhy（なぜ）に対するHow（どのように）である。Whatは結果を指し、この結果とは、私たちが目的としている成果のことであり、生徒の学力の向上や達成における私たちの集合体としての影響のエビデンス（証拠）のことでもある。

では、あなたのWhyは何だろうか。スクールリーダーである私たち一人ひとりは、内にWhy（なぜ）をもち、それが外に向かう行動の原動力となっている。しかし、私たちの多くは、なぜそのような行動をとるのか、その理由を明確にしたことがないのではなかろうか。これは演習を行なったとしても、自身の「なぜ」が生徒の学習生活に最大の違いをもたらすとされるものとどの程度一致しているかは、ほとんどの場合、調査結果からは判断できないだろう。いくつものあなたのＷｈｙ（なぜ）は、本書で紹介されているスクールリーダーのための10のマインドフレームとどのくらい一致しているだろうか。Ｗｈｙやマインドフレームは、25年以上にわたる可視化された学習研究のエキスを反映したものである。これらの10のマインドフレームの根底にある行動理論は、スクールリーダーが、学校や学級のデータを診断し、その解釈を伝え、その解釈に基づいて行動し、高い見込みのある介入策を選択し、選択した介入策を効果的に実施し、それらの介入策が生徒の学習に及ぼす影響を評価することを保証してくれる。

3 診断、介入、実施、評価に関する専門能力を有するスクールリーダーの確保

可視化された学習研究に精通した方ならば、１年間の学習（学力）の向上における平均的な効果量（特定の影響が学習に及ぼす影響の度合い）は$d=0.40$であることは記憶に残っているだろう。この平均値の「欠点」を考えると、これは広義の基準値にすぎず、学校に適用する場合には、多くの文脈的な議論を必要とする。

「可視化された学習」研究の中で私たちが検討してきたさまざまな教育的介入を再検討してみると、最も大きな影響は教師やスクールリーダーからもたらされ、次の例に示すように、その多くは1年間のインプットに対する1年分の成長よりもはるかに大きな効果をもたらしている。

・効果を評価するための共同作業（0.93）
・生徒の現在の知識水準から、明確な達成基準への移行（0.77）
・信頼関係を築き、間違いを学習の機会として受け入れること（0.72）
・自身の影響について他者から最大限のフィードバックを受け取ること（0.72）
・表面的な学習と深い学びの比率を正しく把握すること（0.71）
・挑戦におけるゴルディロックスの原理の活用（難しすぎず、簡単すぎず、退屈すぎない）（0.74）
・課題の達成のために意図的な練習をすること（0.79）

しかし、こうした効果を得るためには、校舎（教室のウォークスルー、専門的な学習セッションやミーティング、専門的な学習コミュニティなど）や教室で起きている学習に耳を傾ける必要がある。教師が表面的な理解（内容）と深い理解（内容の関連づけや活用）をもっと評価し、いつ次に移行するかを知ること、そして、学校全体に高い見込みのある指導方法を広げるために、教師がすでに知っていてできることを深く理解したうえで、指導の専門知識を身につけさせることが大切である。そのためには、教師やスクールリーダーが話すのを減らし、生徒と教師の対話に耳を傾けることが必要となる。生徒たちは自分の学級において、学習者になるとはどういうことか、学習と学力の向上の指標となるものについて話しているからである。

そんなスクールリーダーのための行動論としては、「スクールリーダーはDIIEのために！」――つまり、スクールリーダーは「診断（Diagnosis）」「介入（Intervention）」「実施（Implementation）」「評価（Evaluation）」のエキスパートでなければならない――という言葉に集約される。診断のエキスパートであるには、エビデンスに基づく複数の介入策から生徒の成績や教師の遂行能力を理解し、ある介入策が生徒や教師に効果がなければ、スクールリーダーにおいては別の介入策に変更できるようにしておく必要がある。また、成功する見込みの高い介入策を知り、いつ別の介入策に切り替えるかを知ること、そして生徒が学んでいないという問題は、生徒の問題というよりもむしろ、正しい指導介入策を選択していない大人の問題である可能性が高いので、生徒が学んでいない理由を「非難」めいた言葉を使って説明しないこと。実施のエキスパートになるには、忠実性（介入カリキュラムの遵守）、提供の質（スクールリーダーやファシリテーターが介入教材を提供し、教師と対話するスキル）、介入の適応（介入に加えられた変更、特に介入に加えられた教材）、投入量（介入を効率的にうまく実施するために必要な介入を専門的に学ぶセッション数）への取り組みが必要である。評価のエキスパートになるには、評価のスキルを知り、複数の方法をもち、介入が成功するのに必要な効果の規模に合意するために同僚と協力し、話し合う必要がある。

それには、クリントン（第1章）が主張するように、評価的思考を深く根づかせることが必要である。つまり、生徒が学んでいないとしたら、それは適切な教授法やスクールリーダーの方略を用いていないからである。あるいは、成功への期待が低すぎるか高すぎるからである。私たちは、これらの方略に手を加え、私たちの大きな期待を実現するのに必要なことをしなければならない。このような行動論は、教師やスクールリーダーに多くの要求を突きつける。すなわち、内的コミュニケーションによってＷｈｙ（なぜ）を探すことである。高い認知的意思決定能力をもち、ＷｈｙとＨｏｗ（方法）と結果の間に緊密な整合性が保たれていることである。彼らは、「ある介入方法を選択したのは間違いだった、自分の言動を改める必要がある」、あるいは、「選択した介入方法は正しかった。それがこの生徒への指導を成功させることにつながった」と言うことができる。また、彼らは、診断、介入、実施、その影響のエビデンスに基づく評価について、他者と協働して探求することができる。

4 可視化された学習のモデルとは何か

プロフェッショナル・ラーニングの可視化された学習の学校改善モデルは、可視化された学習研究として出版された2冊の本『*Visible Learning*（可視化された学習）』（Hattie, 2009）［訳者注：邦訳版（部分訳）『教育の効果』図書文化社、２０１８年］と『*Visible Learning for Teachers*（教師のための可視化された学習）』（Hattie, 2012）〔訳者注：邦訳版『学習に何が最も効果的か』あいり出版、２０１７年〕、および多数の論文や白書から発展させた原理に基づいている。本書は、こうした研究の理論を、学校が生徒の学力にどのような影響を及ぼしているのかについて自問自答できるように実践的な探究モデルに落とし込んだものである。

可視化された学習研究は、ジョン・ハッティがこれまでに行なった１６００以上のメタ分析、すなわち3億人以上の生徒を対象とした9万件以上の研究に基づいており、生徒の学習を改善するための世界最大のエビデンスベースの研究といえる。この研究から、ハッティは生徒の学力向上に影響を与える２７０を超える要因を特定した。「可視化された学習は、教育研究から得られたこうした多数の発見の最重要要点に到達し、メタ分析研究を統合することによって、そこから読み取れる主要なメッセージを特定しようとしている。目的は、「何が作用しているか」から「何が最も作用しているか」に、そして、いつ、誰のために、なぜそうなるのかへと視点を移すことである」（Hattie & Zierer, 2018, p.xviii）〔訳者注：邦訳版　原田信之（訳者代表）『教師のための教育効果を高めるマインドフレーム：可視化された授業づくりの10の秘訣』北大路書房、２０２１年　０１７頁〕と述べられている。多くのメタ分析から生み出された２７０以上の（今なお増え続けている）影響要因は、生徒、カリキュラム、家庭、学校、教室、教師、生徒の学習方略、教授方略、実施方法という9つの領域のいずれかに割り当てられている。各領域はさらに32のサブドメインに分けられ、特定の影響とその影響によって生徒の学力がどの程度、促進されるかについて掘り下げている。

教育関係者は、可視化された学習研究をどのように利用すればよいのだろうか。可視化された学習に関する書籍は、授業やリーダーシップの実践にそのエビデンスを活用することや、そうした実践を支えるシステムについて**話し合う基盤**になると考えている。たとえば、学校がどのようなフィードバック文化や実践を望んでいるのかについて、その明確なイメージをどの程度もっているのかなどである。これにより、教師はフィードバックを最適化することができ、生徒は効果的なフィードバックのよさについて認識を深めることができる。同様に、スクールリーダーがフィードバックを最適化し、フィードバックのよさに目を向けるように教師の意識を高めることができる。この2つの措置は、それぞれの主要なステークホルダーに**どのように**フィードバックが伝わっているかという意識を醸成するのに役立つ。

5 なぜこの本なのか

この数年間、私たちは、本書に寄稿した各著者のプレゼンテーションに参加したり、本や記事を読んだりすることができ、このことは私たちの特権であり喜びでもあった。読んだり聞いたりするうちに、彼らのメッセージには一貫性があることに気づかされた。各著者は、それぞれ独自の方法をもち、生徒の学習生活に大きな影響を与える最も効果的な方略については異なる考えをもっていたが、スクールリーダーに対するそれぞれのＷｈｙ（なぜ）は驚くほど似かよっていた。また、彼らの仕事の根底にあるコンセプトは、常に同じテーマに立ち返っていた。1年分の学びを1年分の指導につなげるために、スクールリーダーが果たすべき役割について、まさに共通の信念をもっているように思えた。

私たちは、このような専門家の研究に触れる機会を得た世界中の学校関係者が、同じ結論に達するだろうと確信していた。それは、集合的な「なぜ」に一貫性があるということである。しかし、多くの教師やスクールリーダーには、定期的に専門家会議に出席する機会も、さまざまな著者の研究を学ぶために割く時間もないことを私たちは認識していた。そこでこのような教育界のオピニオンリーダーたちの考えを一冊の本にまとめることで、生徒たちがより高いレベルで学べるように努力をしている教育関係者にとって、非常に大きな糧になるという結論にいたったのだ。このようなすぐれた教育学者や作家の方々がこのプロジェクトに賛同してくれたことに感激した。

ここで重要なのは、これらの著者が模範的な学校とそこで働く教師やスクールリーダーの実践を観察することにより、自らの学びを豊かにし広げてきたということである。これらの教育者は、まさに学校改善のリーダーであり、その集合的な知恵の蓄積は計り知れないものがある。このように、私たちは本書がいくつかの目的を達成することを期待している。第1に、学校改善のために懸命に働いている教育関係者にとって、本書が貴重なツールとなることを期待している。本書は、一貫した考え方の枠組みと、改善の取り組みを前進させるための具体的な実践的方略の両方を提供すると

Chapter	著者	マインドフレーム	議論される影響力
1	ジャネット・クリントン	私は教師や生徒の学習に及ぼす影響の評価者である	1. 形成的評価 2. 質問すること
2	ディラン・ウィリアム	アセスメントは自身の影響と次のステップを知らせてくれるものである	1. 完全習得学習 2. フィードバック 3. 協働学習 議論 ・自己調整学習 ・明確に意図された目標
3	ジェニー・ドノフー	進歩させたいと考えていることや自身の影響について同僚教師と協働する	1. コレクティブ・エフィカシー 2. 完全習得学習 3. 適度に挑戦的な目標
4	マイケル・フラン	私は変化をもたらすエージェントであり，すべての教師や生徒が改善できると信じている	1. 協働学習 2. コレクティブ・エフィカシー 3. リーダーシップ
5	ザレッタ・ハモンド	私は「最善を尽くす」だけでなく，チャレンジに努める	1. 教師による学習到達度評価 2. コレクティブ・エフィカシー 3. 形成的評価の提供
6	ピーター・M・デウィット	私は教師や生徒にフィードバックを提供して理解できるように支援し，私に与えられたフィードバックを解釈して行動する	1. 教師と生徒の関係性 2. 教師の信頼性 3. スクールリーダーシップ
7	ダグラス・フィッシャー，ナンシー・フレイ，ドミニク・スミス	私は一方向の説明と同じくらい対話を取り入れる	1. 学校風土 2. コレクティブ・エフィカシー 3. マイクロ・ティーチング
8	ローラ・リンク	何ができたら成功なのかを最初から教師と生徒に明確に伝えている	1. 教師は何事も明確に 2. 完全習得学習 3. 形成的評価
9	スガタ・ミトラ	間違えても他者から学んでも安心して学習できるように人間関係と信頼関係を築く	1. 質問すること 2. 学級の強力なまとまり 3. コレクティブ・エフィカシー
10	ジム・ナイト	学習と学習中の言葉に集中する	1. 形成的アセスメント 2. ピアジェに従った認知的発達段階 3. 先行学力

確信している。前頁の表は、章ごとに、著者とその著者が取り組んでいるマインドフレーム（すなわちＷｈｙ）と、著者が特定したマインドフレームを実現するための方略を説明するために選択した多様な高い見込みのある影響（すなわちＨｏｗ）を示している。

第2に、研究者と実践者の間に存在するギャップを埋める一助となることを期待している。著者が想定している読者は、他の研究者ではなく、学校改善に日々取り組んでいる教師やスクールリーダーである。各著者は、学校と密接に協力し、効果的に実施されれば生徒の学習にプラスの影響を与える高い見込みのある実践を特定し、その見識を世界中の教育関係者と共有したいと考えている。前述したように、各著者はそれぞれ独自の方法をもっており、生徒の学習生活に大きな影響を与える最も効果的な方略についても異なる考え方をもっている。そこで、この「著者独自の方法」と「方略に関する異なる考え」が、読者を混乱させる可能性があることを指摘し、これらの章を読む前に私たちはそれを解決しておきたいと思う。その混乱は、第1章と第10章に表われている。具体的には、第1章において、クリントン教授は「形成的・総括的評価（formative and summative evaluation）」という表現を好んで使う一方、第10章において、ナイト博士は「形成的アセスメント（formative assessment）」という表現を好んで使っている。私たちは、この2人の専門家の個人的な意見を認め、尊重しながらも、私たちの目的を果たすことを優先させ、この2つの語句は、その多くを同義語として扱うことにした。

マイケル・スクリヴン（Scriven, 1967）がこの言葉を考案したとき、彼は**テスト**や**アセスメント**という言葉を使わず、形成的評価と総括的評価という言葉を使った。さらに、私たちは、形成的評価と総括的評価の違いを説明するよう求められたとき、どんな評価（例：アセスメント）でも形成的に解釈することも「総括的に解釈する」こともできると考えている。ロバート・ステイク（Robert Stake、イリノイ大学教授・当時）が料理の比喩を使って説明したように、「料理人がスープを味見するとき、それは形成的であるが、客がスープを味わうとき、それは総括的である」（Scriven, 1991a, p.19）。形成的アセスメントの使用に関する議論では、テストや測定を急ぐことなく、スクールリーダーがエビデンス（データ、教師や生徒の声、経験、授業成果物や観察など）を用いて思考することがより重要であることを指摘しておきたい。

最後に、そしておそらく最も重要なことは、本書がスクールリーダーたちに、自分たちの周りにいる才能を認識し、尊重し、活用すべきであると確信させることである。その勇気さえあれば、影響（インパクト）が意味するもの、そして「なぜ」を通じて「どのように」伝えるのかということを中心に、学校における議論を展開することができるのである。生徒の学力の向上や学習への最も大きな影響は、高い専門性とインスピレーション、情熱をもった教師とスクールリーダーがともに働くことから創発され、そのことで彼らが指導する生徒たち全員に最大限の効果を与えられる、というのが私たちの主張である。スクールリーダーには、学校内の専門知識を活用し、変革を成功に導くという大きな役割が求められている。

Chapter 1

私は教師や生徒の学習に及ぼす影響の評価者である

Janet Clinton
ジャネット・クリントン

エピソード
episode

私の学校は学力が低い――私に何ができるか

次の2つのストーリーを検討してほしい。

あなたの学校は、地区または地域の指導主事から、国語力（literacy）と計算力の成績、および生徒の授業への取り組みの点で劣っているという通知を受け取る。校長はできるだけ早く学校改善計画を提出するよう求められる。校長はため息をつき、選択肢を考える。校長はすぐにリーダーチームを呼び、その通知について議論する。この通知がおかしいと思う教師たちもいたが、状況はよくなっているし、教師たちはたいへん熱心に働いていたので、リーダーチームは会議で状況を話し合い、直接行動を起こす必要があると判断する。

次の教職員会議で、校長は通知とリーダーチームの議論を共有し、次の行動を発表する。

- 計算力と国語力のいっそうわかりやすい教え方ができるように、タイムテーブル（マスタースケジュールなど）を変更する。

- 学級の人数を3～4人削減し、各学年に特別クラスを1つ追加する。
- 学校全体で職能研修に参加し、学年を超えて計算力と国語力のわかりやすい教え方を学ぶ。
- 体育、音楽、学芸会など主要教科でない活動を削減する。
- 宿題を、計算力と国語力の練習だけに集中する。
- 計算力と国語力のベストな実践集を配信する最新ウェブサイトに教師全員がアクセスする。

教師の一部は少しショックを受けるが、多くの教師はこれらの行動が学力スコアを向上させるはずだと考える。だが少数の教師は、生徒の授業への取り組み（エンゲージメント）について、また授業が再び楽しいものになるか疑問を抱く。

隣町の別の校長も、同様の通知を受け取る。校長は、その通知にはさほどの緊急性がないので、一晩寝かせることにする。翌朝、校長はリーダーチームを招集し、通知を正しいと思うか尋ねる。リーダーチームは、国語力と計算力の評価は正しいと思うが、学校は力強い成長軌道に乗っており、状況は改善していると答える。しばらく議論したあと、自校の計算力と国語力のレベルについての認識とデータをリーダーチームが調査することを決定する。校長は、委員会の理解が正しいか少し調査するよう、管轄の教育委員会に相談する。

次の教職員会議で、校長は通知を共有し、教職員に意見を求める。教職員たちは国語力と計算力を向上させる現在の取り組みのペースを上げる方法を模索する。自校はまだ地域の学力平均を下回っているものの、現在の成長路線は全体として正当化できるとリーダーチームは判断する。チームはまた、生徒と親の取り組み具合は問題ないように見えるが、さらに大きな改善が必要だと指摘する。教職員たちには、全学年で何が起きているかは明らかでないが、5年生と6年生に課題があることは、誰もが認識している。

そこで教職員たちは次の行動に賛同する。

- 校長は、計算力と国語力に焦点化した親の会を開くことを決定する。
- 校長は指導主事と面談し、エビデンスの性質と結論にいたる解釈について話し合う。
- リーダーチームは、国語力と計算力と授業への取り組みについてモニタリング計画を作成し、その結果を管轄の教育委員会と共有し、続く2学期にそれを実施する。
- 正規の職員会議ではなく、アイデアを共有するセッションを実施するスタッフミーティングを選択式で開催する。
- 3・4年生の教師は、5・6年生の教師向けに、協働でスキルアップ職能研修会を企画する。

episode

●5・6年生の教師は、計算力と国語力の育成と知識提供をテーマとした親の会を開催する。

考えてほしい問題

●これらのストーリーは、リーダーの行動について何を教えているだろうか。どちらの校長が正しいアプローチをしているだろうか。生徒への影響に焦点を絞った評価的思考を示しているのはどちらだろうか。あなたの学校、あるいはあなたが知る学校は、どちらだろうか。

●2つの学校の結末を、あなたはどのように予測するか。

●どちらの学校がエビデンスを検証する文化をもち、共有に対する信頼を構築してきただろうか。

●どのような行動をとるべきか考えてほしい。

episode

1 本章の概略

可視化された学習の核となるのは、評価的に思考し、行動し、質問し、ポジティブな学校文化を育むことである。本章では、評価者としてのリーダーのマインドフレームを検討する。評価リーダーの重要性と、スクールリーダーが学校に評価文化をどのように構築できるかを解説する。上記2つのストーリーに対して、異なる応答を考えてほしい。何が本当に持続可能で、実質的な違いを生むのだろうか。

本章のマインドフレーム「私は教師や生徒の学習に及ぼす影響の評価者である」には、3つの重要な概念がある。評価者、影響、学習の3つである。これらの概念は、教えることと学ぶことの核心に達し、他の9つすべてのマインドフレームを支えている。教師たちとスクールリーダーたちが、生徒の学習への自分たちの影響を評価する気質とスキルをもっている場合、教師とスクールリーダーは最大の影響を及ぼす。この考え方は、何か特定の指導法、作業プログラム、リーダーのタイプを押しつけるものではない。そうではなく、エビデンスに基づき効果的なプログラムをデザインし、質と忠実さ（fidelity）を担保しながら実施し、教育プログラムが生徒の学習に与える影響の大きさを批判的に評価できる教育者の能力に光を当てている。影響によって学校全体に何が起きるか、何人の生徒がこの影響を経験するか、この影響の大きさはどれほどのものか、こうした道徳的目的をもつ問いが、この考え方には必要である。スクールリーダーの役割は、第1に影響についてのこれらの概念を説明し、理解を進めることであり、第2に時間、リソース、勢い、専門知識を確保することで、評価への積極的参加をサポートする学校文化を構築し、学校に評価文化を繁栄させることである。スクールリーダーの役割は、たんにデータを収集し、報告書を作成し、教師に「教える」だけでなく、プログラムが生徒に与える影響の性質と価値について、また指導の影響に関するエビデンスの解釈について、協働的な話し合いを主催することである。その実施に際し、スクールリーダーは、エビデンスと影響と指導の多面的な意味と解釈を想定しなくてはならない。

このように評価的に思考し行動することは、教師たちを支援し、自分たちの影響を判断することを求め、この影響についての自分たちの解釈の信憑性について（テスト得点のトライアンギュレーション［訳者注：triangulation（三角測量）とは、ノーマン・K・デンジンが1978年の著作で提唱した概念で、方法論や検証方法を複数化（3つ以上に）することで、研究の妥当性を高める方法である］や、同僚との検討や、自身の学習についての解釈を生徒に聞き取ることによって）、複数の選択的な見解を探索する（セカンドオピニオンを評価したり、対話したりなど）ことを求める。

要するに私たちは、学習組織を構築するというアイデアを指し示しており、この学習組織では、評価的思考が核であり、成功への鍵である。

評価的思考とは何か

評価（evaluation）とは、何かのメリット、価値、意義を決定するプロセスと、このプロセスの結果を表わしている（Scriven, 1991b）。

教育では、当然のことながら、生徒の学習生活への影響を最大化するために、問いかけ、振り返り、確かな判断を下し、適切なエビデンスを利用し、学習し、修正し、実行するのが通常である。ベイカーとブルーナーの示唆によれば、評価的思考は、「体系的な質問やデータや行動を、組織の業務実践に完全に統合するアプローチである」(Baker & Bruner, 2012, p.1)。評価的思考は、組織の評価能力を生かし、持続可能性を革新し発展させる。評価的思考は、評価の文脈における認知プロセスであり、「探究の態度とエビデンスの価値への信念とに動機づけられ、仮説の特定、思慮深い問いの設定、より深い理解の追求といったスキルを含んでおり、行動の準備としてのリフレクション、適切な見方、十分な情報に基づく決定を通して行なわれる」(Archibald et al., 2016)。

評価的に思考するスクールリーダー

評価的に思考するスクールリーダーは、パターン認識にすぐれており、自分や他者の仮定、偏見、束縛をチェックすることに長けており、プログラムの実施をモニターする能力が高く、失敗や抵抗に照らして行動の選択肢を探索する可能性が高い。そのようなスクールリーダーは、問題を提起したり結論を下したりするのを急がない。スクールリーダーは、他者の目を通して世界を見て、何が問題かを定期的にチェックし、評価に関する(理論的および実践的な)文献からスキルや知見を絶えず学び続け、それらをよりよく統合し、学校生活の瞬間瞬間に、いっそう迅速かつ自律的に選択を行なう。

2 「可視化された学習」研究のどの要因がこのマインドフレームをサポートするか

評価的なスクールリーダーは、形成的評価（$d=0.34$）に積極的に従事し、開かれた問い（$d=0.48$）に取り組み、評価的な学校風土（$d=0.42$）を創造できる人物として特徴づけられる。

形成的評価

スクリヴン（Scriven, 1967）が最初に形成的および総括的という概念を導入したとき、それは評価（evaluation）に関してだった。しかし、他の研究者たちは、その概念を形成的ならびに総括的な**アセスメント**（assessment）に変え、多くの誤解を招く主張につながっている。ここで私たちはこの言葉を同義語的に使用する。スクリヴンの主張によれば、ロバート・ステイク（Robert Stake）の次の格言に示されるように、形成的と総括的との区別は目的と時間に関連している（Scriven, 1991b）。「料理人がスープを味見するとき、それは形成的であるが、客がスープを味わうとき、それは総括的である」（p.19）。形成的か総括的かを決めるのは、測定器（味覚）ではない。それは解釈のタイミングと、情報が利用される目的に依存する。評価的スクールリーダーの主な役割は、教えることと学ぶことをリードする過程で、また適切な総括的な場面で、現状を改善するための解釈を行なうことである。またこの総括的な場面で、教師たちの成功を適切に賞賛することであり、教師たちをやる気にし、生徒たちの学習生活へのポジティブな影響を強めることである。「学習生活」という概念は非常に広く、教室での安心安全（セーフティ）や公平さの確保を含み、教師による学習の苦労と努力に喜びを見いだすこと、教え方や学習に複数の方略を推奨すること、成長を最大化すること、授業での達成度を上げるために教師と協働することなどが含まれる。

スクリヴン（1991b）が指摘したように、形成的と総括的の2つのタイプの解釈があるとみなすのは間違っている。そうではなく、それらは2つの異なる時点での情報の解釈を意味している。2つの解釈は、学習プログラムを変更するか、それともプログラムや介入の最後に学習を総評するかである。料理人の目標が客のために可能なかぎり最高のスープを作ることであるのと同じように、スクールリーダーは自身の学校ですぐれた総括的評価（summative evaluation）を行なうことが不可欠である。客に提供するまずいスープは、まずい調理であることの十分強力なエビデンスである。スクールリーダーが全体的な評価をサポートするために貧弱な総括的アセスメント（summative assessment）をするなら、そのスクールリーダーが形成的解釈に関して能力や目的や手段をもっている可能性は低い。まずいスープを客に提供することは、調理中に料理人が味見するのを怠った最高の指標となるだろう。一方で、スープの味見にこだわりすぎると、目標に注意が向かなくなる恐れがあり、たとえば客が到着したときにスープが冷めていたりするだろう。したがって、スクールリーダーが形成的および総括的評価を実施する方法については、バランスを正しくとることが重要である。

総括的評価（formative evaluation）よりも厳密さに欠ける形成的評価の実施は、途中の修正の精度を損なうことになり、ミッションを間違った方向に導く可能性が非常に高くなる。一般的な言動とは異なり、最も厳密でなくてはならないのは形成的解釈である。非常に多くの場合、進歩したことに関する評価と進行中の修正は、非常に弱いエビデンスに基づいているため、介入の目標を達成する可能性が低くなりがちである。

目的は、計画、実施、継続的なチェックとモニタリング、および検討段階に評価を含めることである。なぜなら、そのような解釈こそが、介入の焦点や適応のための情報、またプログラムを継続するか中止するかのエビデンスを与えるからである。スクールリーダーの主な目的は、解釈するように導いたり促したりすることである。判断が確実に行なわれると同時に、形成的評価に照らし、順を追って改善される学習に従事する教職員のコレクティブ・エフィカシーを構築することである。

同様に、スクールリーダーには、個々の教師を評価する責任があり、その評価によって、教師たちは、生徒たちへの自分たちの影響を改善するためのフィードバック情報を受け取ることになる。形成的評価の効果が増大するのは、エビデンスの多種多様なリソースからの解釈に重点が置かれている場合であり、スクールリーダーが効果的に（他者とともに）データを分析・解釈するのに必要なスキルとマインドフレームをもっている場合であり、評価的フィードバックの受け手が解釈を確実に受け止めるよう注意が払われる場合であり、形成的評価の質が改善の程度によって判断される場合である（Harlen, 2007; Hendriks, Scheerens, & Sleegers, 2014や本書の他の章も参照）。形成的評価には、学校内での職能開発、多種多様な形式のエビデンスへの容易なアクセス、エビデンスの解釈に対する執拗な焦点化、改善ポイントや成功を探究する教師とスクールリーダーとの間の高度な信頼感と安心安全な風土が必要である。

質問すること

ロビンソンは、「何が起きているのか、なぜ起きているのか、それに対して何をすべきかを判断するときに使用する思考と情報の質を学ぶ」という「学びに開かれた」話し合いに参加するスクールリーダーの力に注目している（Robinson, 2009, p.1）。これは評価的思考の鍵であり、形成的評価の理想と密接に関連している。開かれた話し合いと閉ざされた話し合いとを区別するのは、話し合いの焦点ではなく、他者の視点を学ぶことに開かれているか否かである。ここで求められるのは、質問の技法、問題状況を説明する能力、自分たちや他者の前提や視点を見抜き挑戦する能力、私は聞いただけではなく理解した（必ずしも賛成したり反対したりしているわけではない）ことを他者（教師）に伝えるスキル、学校全体で起こっていることの質を高め、介入を成功裡に改善し、学校の教師と生徒の学習の質を高めるための基礎としての関係の構築である。学びに開かれた話し合いの主要な本質は、効果的な質問にある。

教師たちは多作な質問者であり、多くは事実について、また通常は授業で次に進むことを促すために、学級で1日に150～200の質問をすることを、私たちは知っている。生徒の学習を向上させるために最適な質問に関する調査で特別視されるのは、質問に答えた生徒だけでなく周りの生徒たちが何を理解し、特に何を理解していないかについて、教師に情報を与えるような質問であり、教える過程で次に進む場所を教師が変更するような質問である。質問は、生徒が理解できる言葉で表現される必要があり（これは必ずしも、「正しい」答えを導く閉ざされた質問を意味するわけではない）、できればより高い認知レベルの質問、思考を明確化したりサポートしたり刺激したりするために、生徒たちの反応を探り出す質問、そしてまた尋ねられた質問に何とかして応答するよう生徒たちを励ます質問が求められる（Redfield & Rousseau, 1981）。

ニストランドら（Nystrand et al., 2003）もまた、次に続く質問に生徒たちの反応を組み込むことによって、生徒たちの既有知識と現在の理解を教師が効果的に構築するという「取り込み」質問に注目している。それゆえ、教室での話し合いは予測が難しく（教師の質問、生徒の応答、それに続く教師の話）、生徒たちが話したことを教師が再び取り上げ、詳しく説明し、質問するため、協議されたり共同で構築されたりする話し合いや対話がいっそう多くなる（Nystrand, 1990; Nystrand & Gamoran, 1991）。ニストランドによると、このような相互作用はまた、しばしば「真正な」質問と特徴づけられる。それは、「生徒が知っていることと知らないことをたんに確認するだけでなく、価値ある情報を取得するために尋ねられる質問であり、真正な質問とは、事前に特定された答えをもたない質問である」（Nystrand, 1990, pp.6-7）。話し合いは、それゆえ、事前に下書きされておらず、学びにいっそう開かれており、教師は、どれほどの生徒が授業についてきており、参加していて、反応しているかを知ることができる。

これらは、スクールリーダーたちによる良質の質問と同じ特徴である。学びに開かれていることへ焦点を絞ること。教師たちが理解していることと特に理解していないことについて、スクールリーダーに情報を与える質問を特別視すること。スクールリーダーが、自分たちの指導で次に進む場所を変更するような質問であること。教師たちに理解でき、教師たちをサポートし明確化を探り出す質問であること。そして、思考を促し刺激し、応答を求める取り込み的で真正な質問であること。

スクールリーダーにとって、評価的思考の核になる質問は5つある（表1-1）。

第1は、「生徒たちは何を学ぶ準備ができているか」である。この場合、「生徒たち」という言葉を「教師たち」に入れ替えることができる。これが意味するのは、すぐれた診断が必要だということであり、その診断は、改善されるべきことに関するエビデンスについてトライアンギュレーション〔訳者注：22頁参照〕があるか、改善に参加する教師たちにレディネス（準備）があるか、診断と改善方向に対する賛同を得た焦点化ができているかを保証するということである。第2は、「エビデンスに基づく最適な介

表 1-1　評価的思考に関連する 5 つの評価的質問

評価的思考	評価的質問
1. エビデンスを評価する批判的思考	1. 生徒たちは何を学ぶ準備ができているか
2. 実施の忠実度に取り組むこと	2. エビデンスに基づく最適な介入を選択し，実施に焦点を絞ったロジックモデルを構築しているか
3. 潜在的なバイアスの調査	3. 自分が間違っているかもしれないというエビデンスを探しているか
4. 自分の影響を知ることに焦点を絞ること	4. 予想される短期，中期，長期の影響は何か，またそれらをモニターし，報告しているか
5. 他者の視点を理解すること	5. 忠実度と影響について，他者の視点とエビデンスを探し求めているか

入を選択し、実施に焦点を絞ったロジックモデル［訳者注：因果関係について理論的に説明するためのモデルであり、実施の目的と手段の論理構造を可視化・見える化したもの］を構築しているか」である。スクールリーダーが介入の選択肢を欠くことはめったにない。他の場所でスクールリーダーにより試されたことがあるとか、その介入の仕方が好まれているからとか、混乱が最も少ないからという理由であまりに多くの介入が選択されている。しかし、それらは診断に適合しているだろうか。地域の状況に適切に対応する計画はあるだろうか、合意された（短期、中期、長期の）目標を達成する可能性を最大限に高めるために、実施をモニタリングする事前のプロセスはあるだろうか。

第3の質問は、「自分が間違っているかもしれないというエビデンスを探しているか」である。これは、オープンマインドであることの核心であり、スクールリーダーにとって学びに開かれた話し合いにおける本質的なスキルになる。ハッティとチィーラー（Hattie & Zierer, 2018）は、この質問を、可視化された学習の中核として重視している。またこの質問は、誤りの証明が科学と信念との主な違いであると主張したポパー（Popper, 1959）の哲学的見解に由来している。間違っている可能性があるというエビデンスを探すことは、何が機能し何が機能していないか、また介入がどの程度効果的かのフィードバックを探し出すことを伴い、改善に導く可能性を高める。何が機能しているかだけの情報を探し出す選択肢は、しばしば確証バイアス［訳者注：confirmation bias　仮説検証時に仮説を支持する情報ばかりを集め、反証する情報を無視したり集めようとしなかったりする傾向性］の原因となる。なぜなら、「それ」が機能していることを示すエビデンスは、どこかに、いずれかの教師に必ず存在するからである。スクールリーダーの影響に関係なく，介入はともかく何らかの仕方で機能していた可能性があるが，それは改善のための決定的な道を覆い隠すかもしれないし，最終的にほとんど影響を与えないプログラムを続けることになるかもしれない。

第4の質問は，「予想される短期，中期，長期の影響は何か，またそれらをモニターし，報告しているか」である。これは通常，プログラムのロジック構築に関連する質問であり（Funnel, 2000），プログラムが正しい方向に進んでいるか確認するためにフィードバックを即座に求めることにつながる。多くの場合，短期的な影響は，実施の代用データか指標（プログラムが適切な忠実度，投入量，適応性，品質を保って実施されたか）である。またあまりに早い段階での焦点化は，長期的にさまざまな影響を与える（たとえば，生徒の学習や達成度に変更を強いる）。したがって，プログラムが放棄されるとか，後にこれらの改善につながらない方向に変更されることがある。教師たちと協働して短期，中期，長期の影響を明確化し合意したスクールリーダーは，改善のためのフィードバックを生み出し，プログラムを地域状況に適切に適応させ，望まれた影響を達成する可能性が高い。

第5の質問は，「忠実度と影響について，他者の視点とエビデンスを探し求めているか」である。先のロビンソンの見解で述べたように，このために必要なのは，教師たちの話を聞き，聞いたことを教師に示すだけでなく，プログラムと目標に向けた組織的な仕事に共感を呼び起こすスキルである。ウーリーら（Woolley et al., 2010）は，この質問が「群衆の知恵」［訳者注：wisdom of the crowd

多数の洞察を一定の方法で集約すると高い精度で正確な理解を導き出すこと」とコレクティブ・エフィカシーを実現するために不可欠であることを示した。注意してほしいのは、他者に対するこの敏感さは、グループの結束と友好の構築にかかわるだけでなく、プログラムの実施の忠実度にも関連し、合意された結果の最大化にも関連していることである。

学校文化

生徒たちの学習の向上に全員が責任をもつ文化のある学校、情報とエビデンスを私物化しない学校、学習を改善するために協働して取り組む学校は、すばらしい学校である（Hattie, 2012; Hattie & Timperley, 2007）。学校文化と継続的なリフレクションのシステムを構築することが鍵であり、評価的に思考することが本質的である。あなたはいつ同僚たちに会い、いつ自分たちの生徒の学習が向上したことを示すエビデンスについて話し合っただろう。あなたの教え方を改善したり、強化したりする方法についていつ話し合っただろう。あなたが現在やっていることが生徒たちの学習の向上に十分な効果をあげていないというエビデンスに照らして、自身の教え方の改善や効果について、あなたはいつ話し合っただろう。あなたは、（生徒やカリキュラム、教育資源や学級規模や条件について話すのではなく、同僚の教え方の影響について、また）自分の教え方やリーダーシップを改善する方法について議論するための心理的な安心感をえているだろうか（明確化すると、私たちがどのように教えたり指導したりするかが問題なのではなく、教えたり指導したりすることの影響こそが問題であり、それが指導方法に関連したりするのである）。こうしたスクールリーダーは、（テストの得点、宿題やプロジェクトから得られたエビデンス、生徒の課題の成果物、学習に関する生徒たちのなまの声などを活用して）、豊かな評価の学校をつくり上げる。教師たちは、生徒たちと同じ学級風土――たとえば、一緒に学ぼう、私たちが進歩したり、すばらしい仕事をしたりしていることを示すエビデンスを探すことによって、お互いを尊敬しよう、といった学級風土――を反映している。望ましい風土とは、教師たちとスクールリーダーたちがアセスメントや生徒のことや教え方について自分たちの解釈を共有する場のことである。

学校文化は、「この学校で私たちはどのように働くか」にかかわっている。それは共通の目的意識に関連し、合議制や改善やハードワークを定義し、定期的にモニターする。学校文化は、成功を祝う儀式や伝統を含み、ストーリーテラーの非公式なネットワークと情報の網の目を提供する。マルザーノ、ギャディら（Marzano, Gaddy et al., 2005）の発見によれば、効果的な学校文化の最も一般的な行動は、スタッフ間の結束、ウェルビーイング、目的理解を促進し、学校ができそうなことの共有ビジョンを開発することである。

ブリス（Bulris, 2009）によるメタ分析は、30の研究に基づき、３０００校以上の学校を含んでいた。学校文化と成績との全体的な相関係数は、$r = 0.35$（換算して$d = 0.74$）であり、これはかなりの値である。彼の結論によれば、スクールリーダーは学校内の文化的要素に注意を払う必要があり、学校文化はスクールリーダーの評価の重要な部分でなくてはならない。そして、「継続的な改善をサポートする学校文化を確立することは、耐久性があり持続可能な学校改善を実現する唯一の方法である」(p.167)。

3 何から始めればよいか

多くの方略は、学校での評価的思考の発展と密接に関係しており、また、変化の風土をもたらすにはいくつかの必要条件がある。識別された複数の前提条件は、単独では機能せず、広範な相互影響関係にある。たとえば、教師とスクールリーダーの人間関係上の信頼は、前向きな学校風土の発展をサポートする。他の諸方略は次のことを含むであろう。

質問を共有する風土をつくる

■推測のための安心安全な場をつくりだす
■失敗について話し、失敗から学ぶ
■一般化に挑戦し、矛盾を検討する
■進むにつれて学びを確実にする
■「だから何」「次は何」と質問する

評価への積極的な取り組み方を促進する

■私たちはどこに到達したいか、どうすればそこに到達できるかを洗い出すバックワードマッピング〔訳者注：backward mapping　望ましい姿を先に描き、そこにたどり着くためにやらなければならないことを書き出す手法〕を利用する

■ロジックモデルとエビデンス・プラットフォーム〔訳者注：エビデンス・ベースド・ポリシー・メイキングで知られるようになったエビデンス（判断のための根拠）を共有するためのプラットフォーム〕を利用し、行動を起こす

■探索の協働サイクルに参加する

■有意味化を強調する

データを吟味するリソース・システムを提供する

■エビデンスをトライアンギュレーション（三角測量）する

■効果的実践に関するデータを総動員する

■行程に従うが、道の分岐点に注意する

■学習管理システムを利用する

全員へのフィードバックに焦点を当てる

■賞賛するためのフィードバックの機会を設ける

■コーチたちがデータに着目していることを確認する

■データの検討から、次の一歩をプッシュする

学校の文脈における評価的思考の焦点の中心には、常に学習がある。その同一線上に、スクールリーダーがどのように教師たちと生徒たちの学習に影響を与えるかがある。イレリス（Illeris, 2015）によれば、学習は、学習者と環境との間の相互作用を含み、学習内容と学習動機を含む内部獲得プロセスを呼び起こす。学習内容は、知識、スキル、態度、理解、信念（ビリーフ）、行動、コンピテンシーなど、密接に関連する多くの側面を含んでいる。

誘因となるのは、学習を駆動する心的エネルギーを投入することであり、また学習に関連する探究のメンタルモデルを育成する心的エネルギーを投入することである。スクールリーダーは、望ましく必要な内容を明確化し、教師の学習の推進に心的エネルギーを投入させ、学習の障壁と実現要因を理解する必要がある（Hattie & Donoghue, 2016参照）。

分析プロセスを最大化し、学習に関する評価判断の公開性を確保するのに、スクールリーダーは、教師と自分たちのニーズを深く知り、理解し、それを尊重する必要がある。そこに含まれるのは、それまでの学習を考慮に入れることであり、教師たちが学習方略を使って自分たちの指導をどのように強化しているかを理解することであり、一連の学校全体の介入のスタート時点で成功がどのようなものかを教師たちにはっきり見えるようにすることであり、表面的な学習と深い学びの違いを強調し、両者を最適な割合にした実現可能性の高い影響プログラムを実施すること、適切な挑戦レ

ベルを設定することであり、「最善を尽くせ」という言葉で片づけないことである。

CHECKLIST チェックリスト

評価的に働き、思考することが意味するのは、次のことである。

- □評価は行動であり、評価的思考はあり方であることを理解する。
- □評価は脅威ではなく、望ましい活動であるという環境をつくりだす。
- □評価的でデータ収集する活動に参与する。
- □質問するマインドセットをモデリングする〔訳者註：modeling　モデルとする他者の観察や模倣により成立する学習のことであり、バンデューラにより提唱された〕。
- □あなたの学校で形成的評価の計画を立てる。

EXERCISES
エクササイズ

1　学校でリーダーシップを検討する学習成果をまとめ、結果に焦点を絞るために、考えられるすべての説明をマッピングする。自分でコントロールできる要素とコントロールできない要素を考慮する。あなたがコントロールしている要素について、あなたが得ているあるいは得ていないエビデンスを考慮する。それについて何ができるかをブレインストーミングする。

2　グループをつくり、あなたの学校に特有の問題について、あらゆるデータを集め列挙する。学校のスタッフにそれを解釈してもらい、次にすべきことを考えてもらう。

3　評価の必要性についてスタッフに質問する。

Chapter 2

アセスメントは自身の影響と次のステップを知らせてくれるものである

Dylan Wiliam
ディラン・ウィリアム

エピソード
episode

20年以上の経験をもつ理科教師ジャッキーは、8年生の理科の授業で梃子《てこ》の種類を教えている。彼女は、梃子の分類に重要なのは、支点、力点、および作用点の相対的な位置であるとクラスに説明した。これは、3つの異なる種類の梃子があることを意味する。

1　支点が力点と作用点（load）*の間にある（シーソー）。
2　作用点（resistance）*が支点と力点の間にある（くるみ割り人形）。
3　力点が支点と作用点（load）*の間にある（ピンセット）。

＊訳者注：原語は「load（荷重点）」と「resistance（作用点）」であるが、訳語はいずれも「作用点」で統一した。

クラスの子どもたちは理解しているように見える。眉をひそめている生徒はいない。誰か質問はないかとクラスに尋ねるが、誰も手を挙げない。生徒たちは出来が悪いと思われたくないために質問をしない可能性があることを、ジャッキーはよく知っているため、他の種類の梃子についてクラスに質問し、生徒が正しく分類できるかどうか確認することで、クラスの理解に探りを入れる。彼女は靴べらがどんな梃子になるかクラスに質問する。十数人の生徒が手を挙げる。彼女は1人を指名する。その生徒は、靴べらはタイプ1の梃子だと答える。彼女はクラスの残りの生徒に同意するかどうか尋ねると、見渡すかぎり、すべての生徒がうなずく。次に彼女は、ホッチキスについて尋ね、十数名の生徒が再び挙手する。彼女は1名の生徒を選ぶ。その生徒は、ホッチキスをタイプ3の梃子の例として正しく識別する。ジャッキーがみんなに問いかけると、再び、すべての生徒が正しいと同意する。次に彼女は、手押し車について尋ねる。今度は、生徒たちに一斉に答えるように指示する。彼女がそう指示するや否や、すべての生徒は「2」と声を張る。

彼女が教えている原則をクラスの生徒たちが理解したことに満足し、ジャッキーは次に進もうとする。しかし念のため、ペンチはどのタイプの梃子になるか、クラスに質問してみる。彼女は教室の形成的アセスメントを調査する研究プロジェクトに携わってきたので、数人の生徒を選んで答えさせるのではなく、各生徒に1本指、2本指、または3本指を立てることで、どのタイプを選択したか示すよう求める。クラスの半分以上がペンチをタイプ2の梃子と考えているのを見て、彼女は驚く。授業のあと、ジャッキーはこの経験に明らかに動揺する。彼女はこの授業をこれまで何十回も教えてきた。教室での発問から得られるエビデンスは、クラスの理解度を示すよい指標であると、これまでいつも思ってきた。しかしそうでないことを、彼女はたった今発見したのである。

episode

1 本章の概略

本章は単純な考えに基づいている。生徒と教師の頭の中で何が起こっているかについてよりよいエビデンスがあれば、教師たちとスクールリーダーたちはよりよい決定を下すという考えである。1968年、アメリカの心理学者デイヴィッド・オーズベルは、教育心理学に関する彼の著書の冒頭で次のように記した。「もしも教育心理学のすべてを1つの原則にまとめる必要があるならば、私はこう言うだろう。学習に影響を与える最も重要な唯一の要因は、学習者が何をすでに知っているかである。それを確認し、それに応じて生徒に教えよ」(Ausubel, 1968, p.vi)。過去2500年のほとんどの間、これは従うのが簡単なアドバイスであった。なぜなら、ほとんどの教育に携わってきたのは、1人の生徒と1人の教師だったからである。教師は生徒にすべての注意を向けていたので、教えることは魅力的だった。そして、生徒が何を知っているかに応じて、教師は自分がしていることを絶えず調整するという点で、教えることは即応的であった。

しかし、17世紀半ばから、世界中のコミュニティが正規の学校（formal school）を設立し始めたとき、教育の性質は変貌した。教育は、主に個人の個別化されたプロセスから、生徒をまとめて教える「大量生産」方式に変質した。大規模なグループで教える場合、教師は個々の生徒のニーズに対応できず、生徒の参加度が小さくなることは疑いの余地がない。本章では、ほとんどの教育システムで標準となっている大規模で多様な生徒の大集団に対し、教室での形成的アセスメントをどのように活用し、どのようにすれば1対1の個人指導のようにできるのかに焦点を当てる。言い換えれば、教え方を、生徒たちにとっていっそう参加しやすいものにし、生徒たちのニーズにいっそう応答的なものにするのである。

2 「可視化された学習」研究のどの要因がこのマインドフレームをサポートするか

形成的評価（formative evaluation）はそれ自体が可視化された学習の影響としてリストアップされているが、教室の形成的アセスメント（formative assessment）は、特に瞬間瞬間のまた日々のアセスメント・プロセスに焦点を絞っており、他の多くの可視化された学習の方略をまとめている。

完全習得学習

最初の方略は、ベンジャミン・ブルーム（Benjamin Bloom）の完全習得学習（mastery learning）に関する業績である。これは、ジョン・B・キャロル（John B. Carroll）の理解力（aptitude）の見方を、何かを学ぶのにかかる時間として構築したもので、ほとんどの（95％の）生徒は十分な時間が与えられれば何でも学ぶことができると想定している。一度教えたことを一部の生徒は学び、他の生徒は学ばないとみなすのではなく、完全習得学習の重要なアイデアは、生徒が何を学んだかを判断するためにアセスメントを利用することであり、必要に応じてそれについて何かをすることである。ブルームにとって、さまざまな結果が伝統的な「ベルカーブ（正規分布曲線）」を描くことは、教育の失敗を示していた。「実際、私たちの成果の分布が正規分布に近づけば近づくほど、私たちの教育努力は失敗したと主張することとさえできる」（Bloom, 1968, p.3）。

同じ教え方なのに、一部の生徒が他の生徒よりも多くを学ぶ原因は複雑である。生徒たちが学習意欲の点で異なることを、私たちは何年も（実際には何世紀も）前から知っていたが、ジョン・スウェラー（John Sweller）の認知負荷理論のような最近の研究では、生徒たちは、長期能力を変えることなく、割り当てられた教育課題を成功裡に完遂できることが示されている。一方、たとえ教え方が成功したように見えても、生徒たちは必ずしも教わったことを学ぶとは限らない。さらに、デイヴィット・オーズベル（David Ausubel）が50年以上前に指摘したように、効果的指導の最も重要な原則の一つは、私たちが望む学習者にいてほしい仮想の場所からではなく、学習者がいる現実の場所から始めることである。指導を効果的にするためには、まず学習において学習者がどこにいるかを知る必要がある。もちろん、教師は常にマデリーン・ハンター（Madeline Hunter）が「理解度のチェック」と呼んだものを利用してきた。しかし多くの、おそらく最も多くの教室では、このチェックに入るのは、手を挙げて自主的に反応を示す生徒の理解度だけである。効果的な教え方は、教師がクラスの全員の、少なくともほとんどの生徒から頻繁にエビデンスを収集し、その情報を利用して生徒の学習ニーズにいっそう適合するように、自身が行なっていることを教師が調整する場合にのみ可能である。言い換えれば、完全習得学習の観点から、教えるという行為はもはや直線的ではなく、**不確実な**プロセスになる。もちろん、これは学習者から教師への**フィードバック**の一形態とみなすことができるが、本章の観点からすれば、フィードバックという用語は、教師から学習者に向けての情報という意味で使用するほうが有用だろう。

フィードバック

このマインドフレームをサポートする2番目の方略は、フィードバックである。教師は、学習者が何を学んでいるかのエビデンスを収集するのと同様に、この情報を利用し、自分の指導方略を調整し、学習の改善のために何をする必要があるか学習者に情報を提供する必要がある。フィードバックに関する研究を見ると、ルイツ=プリモとリー（Ruiz-Primo & Li, 2013）の推定では75％のフィードバック研究が、大学の心理学実験室で学部生を対象に行なわれ、ほとんどの場合、フィードバックは数分間持続する単一のイベントであることに注意する必要がある。そのような研究を、教師たちが生徒たちと継続的な関係にある小中学校の教室に一般化できるかどうかは、明らかに不明である。さらに重要なことに、クリューガーとデニシ（Kluger & DeNisi, 1996）がフィードバック研究のメタ分析で指摘しているように、フィードバックが到達度を改善するかどうか、もしそうだとしてどの程度改善するかは、フィードバックを受け取る者が行なうさまざまな応答ほど重要ではない。結局のところ、フィードバックが学業成績を向上させるとしても、学習者をフィードバックに依存させることで改善するならば、あるいは効果が一時的であるならば、フィードバックは助けにならない可能性がある。フィードバックの質は、生徒がそれを使って行なうことよりも、はるかに重要度が低い。すべての教師が知っているように、同じフィードバックがある生徒の努力を促したとしても、似たような別の生徒をあきらめさせることもある。生徒をひと押しするために、あるいは干渉を止めるために、教師は生徒を知る必要がある。生徒はまた教師を信頼する必要がある。生徒が自分の話していることを教師が理解していると信じない場合、または教師が生徒の最善の利益を心に描いていると生徒が思わない場合、本質的に、生徒はフィードバックを吸収するための時間を費やすことはないだろう。逆にこれは、成長マインドセット［訳者注：原語はthe growth mindset（グロースマインドセット：成長マインドセット）であり、the fixed mindset（フィクスドマインドセット：硬直マインドセット）と対比される。前者は、能力やスキルが可変的であるとするマインドセットであり、後者は、それらが固定的であるとするマインドセットである。心理学者キャロル・ドゥエック（Carol Dweck）が提唱した］が、それ自体で目的ではなく、目的を達成するための手段として重要であることを浮き彫りにしている。硬直したマインドセットをもつ生徒は、フィードバックを歓迎しない。なぜなら、それは、生徒が思っているほど自分の頭がよくないことを示しているかもしれないからである。成長マインドセットをもつ生徒は、フィードバックを歓迎する。なぜならフィードバックは、もっと頭がよくなるための最良の方法についてアドバイスを提供してくれるからである。

協働学習

研究の第3分野は、協同（協働）学習（collaborative and cooperative learning）に関する現在の広範なエビデンスである。調査研究によると、生徒が一緒に作業することで生徒の成績は大幅に向上する可能性があるが、これらのメリットは、生徒が**グループの中**ではなく**グループとして**活動している場合（つまり、全員が同じ目標に向かって作業している場合）と、グループの各メンバーが各自最善を尽くしていることをグループに個別に説明でき、各メンバーが他のメンバーの努力を確認できる場合である（Slavin, Hurley, & Chamberlain, 2003）。これが意味するのは、教師が教室の日課の一部として協同学習または協働学習を利用する場合でも、教師には、生徒たちが互いに与え合っているサポートが的確で役立っていることを確実にする責任があるということである。

協働学習の特に重要な側面の一つは、ピア・アセスメント（相互評価）の活用である。ピア・アセスメントに関する研究の多くは、特に高等教育における研究は、生徒が教師と同じ精度でピア（仲間）の活動をアセスメントできるかどうかに焦点を当てているが、小中学生の場合、ピア・アセスメントは一般に、活動を評価するよりも、活動を改善することに焦点を絞るといっそう効果的である。まず仲間たちを匿名で評価し、次に仲間を固有名でアセスメントするようなピア・アセスメントは、教育的課題の達成基準を学習者たちが内面化するのに役立つ。学習者たちはまた、自分の活動をアセスメントするよりも、感情的な負担が少ない環境で、アセスメントを実施できる。生徒たちが他者の活動を見て、活動で成功することが何を意味するかを学んだとき、生徒たちはそれらの基準を自分たちの活動に適用する可能性を高める（以下の「明確に意図された目標」の項を参照）。

自己調整学習

教室の形成的アセスメントに関する第4の研究分野は、メタ認知（思考について思考すること）と、心理学者のいう「自己調整学習」（自分の学習に対して生徒たちに大きな所有権をもたせること）を活用し、生徒たちが自分の学習をいっそうじょうずに管理できるようになることに関するものである。心理学者によって定義がわずかに異なるものの（自己調整学習とメタ認知は、可視化された学習の異なる方略としてリスト化される）、心理学者の間では、この分野には3つの重要な要素があるという幅広い合意があると思われる。つまり、認知（思考）、メタ認知（思考についての思考）、および動機づけ（これも別の方略としてリストアップされている）。事実、自己調整学習は、他のすべての方略の目標とみなすことができる。生徒（または教師！）が「私はどのくらいできたか」

と尋ねるとき、強力な応答の一つは、「あなたがしたことをあなたはどう思うか」である。改善が必要な側面を生徒（または教師）が正しく特定できれば、生徒は自分自身にフィードバックを与えることができる。活動の一部を改善するために何をすべきかについて段階的なガイダンスを提供するフィードバックは、活動を改善することもあるが、考えることのすべてを教師に誘導されているため、生徒にとってはほとんどメリットがないこともある。フィードバックの主なねらいは、活動の改善にではなく、生徒の改善にある。これは、生徒がまだ試みていない活動について、将来のある時点でよりよく行なえるようにするためである。実際、効果的なフィードバックの主な目標は、それ自体が不要になるように作用することである。よいフィードバックは、学習者が、将来、フィードバックに頼らなくてもすむようにするものである。

明確に意図された目標

教室の形成的アセスメントに関する最後の方略は、生徒たちが何を学ぶべきかについて明確な意図を教師たちがもつことである（明確に意図された目標）。教師がそれらの学習意図を生徒たちと共有するかどうか、そして指導のどの時点で共有するかは、議論が分かれ、最終的にはおそらく専門的な判断の問題になる。しかし、教師が生徒たちを一連の興味深く魅力的な授業課題に取り組ませるだけでなく、教師たちが望む生徒たちの知識、理解、能力の変化が教師の教え方の結果であることを教師がしっかりとわかっていれば、教え方がいっそう効果的になる可能性が高まるのは間違いない。

学習意図と達成基準とを区別することが有効であると注意することも重要である。学習意図は、教師たちが期待する能力(capability)の向上である。それは、生徒たちのために教師が組織した授業課題に生徒たちが取り組むことで結果として生じるであろう。しかし、学習は長期記憶の変容であるため、学習が授業で行なわれたかどうかを判断することは不可能である。そこで達成基準が登場する。達成基準は、教師が先に進めるかどうかを判断できるように、教育活動が計画どおりに進んだ場合に何が起こるかを示した指標であり、一種の「もし……ならば、私は満足だ」という形式で述べられる。心理学の専門用語で言えば、達成基準は教師の仕事の出来映えを説明するのに対して、学習意欲は、教師によって指定された授業課題に取り組んだ結果として、**学習**が期待どおりに実施されるであろうということを説明する。

リーヒら(Leahy et al., 2005)が、教師たちに本節で述べた5つの方略を明示するのに最も役立つと考えた一覧を、表

表 2-1 形成的アセスメントの方略 (Leahy et al., 2005)

	学習者はどこに向かっているのか	学習者は現在どこにいるか	どうやってそこに到達するか
教師	学習意図と達成基準を明確にし,共有し,理解する。[明確に意図された目標]	学習のエビデンスを引き出す効果的な話し合い,課題,および活動を巧みに処理する。[自己調整学習]	学習を前進させるフィードバックを提供する。[フィードバック]
同僚		生徒たちを互いの学習リソースとして活性化する。[協働学習]	
学習者		生徒たちを自分の学習のオーナーとして活性化する。[完全習得学習]	

2-1に示す。

これらの方略が生徒の成績を向上させるというエビデンスは何か

先述のように、これらの方略のそれぞれが生徒の学習にプラスの影響を与える可能性があるというかなりのエビデンスがある。近年、これらの方略をまとめて実施した場合の影響を調査する研究が多く行なわれている。キングストンとナッシュ（Kingston & Nash, 2011, 2015）による形成的アセスメントによる介入のメタ分析では、平均効果量が0・2であることがわかった。これはわずかな効果のように見えるかもしれないが、検討されたすべての研究が中学生を対象とし、少なくとも1学期間（ほとんどの場合は1年間）続く介入であり、生徒の成績は標準化されたテストで測定され、引用された効果量は、「普段の状況」と比較した**さらなる学力の向上**である。このようなアセスメントでは、10歳児の1年間の学習は標準偏差にして約0・4であり、中学生のすべての生徒の平均は0・3である（Bloom et al., 2008）。したがって、標準偏差の0・2の増加は、学習率が50％から70％に増加したことを意味し、生徒の学習の劇的な向上を示している。

形成的アセスメントの有効性を大規模に検証するために、イギリス教育基金財団は、「形成的アセスメントを埋め込む（Embedding Formative Assessment：EFA）」プログラムについて、2年間のランダムに統制された評価を委託した（Leahy & Wiliam, 2009）。イギリスの140の中学校のサンプルの半分はプログラム資料へのアクセス権が与えられ、残りの半分は現金同等物（295ポンド、または約500豪ドル）を受け取った。

このプログラムでは、表2-1で示した教室での形成的アセスメントの5つの方略を教師たちに紹介し、各教師に、生徒をランダムに選択したり、得点や段階ではなくコメントのかたちでフィードバックを提供したりするなど、試したい実践的な手法を1つか2つ選択するように求める。その後、教師は8〜12人のグループで毎月ミーティングを開き、前月の経験について話し合い、教室での形成的アセスメントの実践をさらに発展させるために、来月は何をするつもりか約束する。EFAプログラムは、各ミーティングの一連の議題と配布物を提供し、そこには、各グループを牽引する教師たち向けの具体的なガイダンスが含まれている。

参加校の教師たちは、教えたすべてのクラスで形成的アセスメントを使用するように奨励されたが、評価の焦点は、義務教育最後の2年間（10年目と11年目）を2015年9月にスタートした生徒に絞られた。結果の尺度は、2017年5月と6月に行なわれた学校修了試験でこれらの生徒が到達した成績であった。

EFAプログラムに指定された学校の生徒は、2年間のプログラムの終了時に、全国学校修了試験で、比較校の生徒よりも標準偏差にして0・13高いスコアを獲得した（Speckesser et al., 2018）。この年齢の生徒の1年間の進歩は、標準偏差にして約0・3であり、夏の学習損失と11年目の終わりのかなり前に学校修了試験が行なわれるという事実を加味すると、2年間の標準偏差の0・13の増加は、学習率にして25％の増加に相当する。プログラムの推定費用が生徒1人あたり年間1・20

ポンド（2・00豪ドル）であることを考えると、ＥＦＡプログラムは、現在利用可能で最も費用対効果の高い学力向上方法の一つである。率直に言って、生徒の成績を上げることに真剣に取り組むリーダーは、教室の形成的アセスメントを学校の優先事項に指定するべきである。

③ 何から始めればよいか

スクールリーダーが下さなければならない最初の決断は、最初からすべての教師を巻き込むのか、それとも自分たちの実践のこの側面を発展させることに特に熱心な小さなグループから始めるのかということである。両方を支持する主張があるが、リーヒら（Leahy et al., 2005）による世界中の学校との共同研究では、「徴集兵」よりも「ボランティア」で始めるほうが一般的にすぐれていることがわかった。理由は、そのほうが、学校はいくつかの成功事例をつくりだすことができるからであり、特定の設定で教室での形成的アセスメントを機能させるためにどのような調整を行なう必要があるかを見つけやすいからである。

次に、教師は形成的アセスメントのいくつかの、アドバイスとしては10とか20の基本的なテクニックを導入する必要がある。記事を読んだりビデオを見たりして、各教師に1つか2つのテクニックを選んで教室で試すよう求める。スクールリーダーはしばしば、すべての教師に同じ技術を使わせたがるものだが、どの技術を試すかを教師が自分で選択するようにすると、はるかによいものが採用されるようになる。

次に、教師たちをグループに編成する必要がある。理想的には、各グループ10~12人のメンバーがよい。そして、毎月ミーティングを開いて、お互いをサポートし、新しいアイデアを得るとよい（ジェニー・ドノフー（Jenni Donohoo）は、第3章でコレクティブ・エフィカシーの実践への大きな影響について説明している）。各グループはこれらのミーティングの方針を決定できるが、リーヒら（2005）の世界中の教師との共同研究では、月例ミーティングを標準的な仕組みに採用することでかなりのメリットがあった。各ミーティングが同じ仕組みに従っていることで、参加者たちは、自分の経験を報告することと他者をサポートすることとの両方の観点から、自分が果たすべき役割を知ってミーティングに参加することになる。何年にもわたり、リーヒら（2005）がありうるかぎりの多様なモデルを数多く調査したところ、以下に示すモデルが、試行された多様な設定の中でうまく機能した。

月例ミーティングモデル

イントロダクション（5分）

ミーティングの協議事項が回覧され、ミーティングの学習意図が提示される。

最初のアクティビティ（5分）

参加者は、自分の学習に集中できるように「ウォーミングアップ」活動を行なう。

フィードバック（25分）

各教師は、前回のミーティングで何を試したかの簡単なレポートを作成し、グループの他のメンバーはその努力をたたえながら耳を傾け、計画を進めるために個人をサポートする。

形成的アセスメントについての新しい学び（25分）

新規の要素と新しい考えの着実な流れを提供するために、各ミーティングには形成的アセスメントに関するいくつかの新しい考えを紹介するアクティビティが含まれる。これは、作業や、視聴して議論するビデオであったり、あるいは教師たちが過去1か月に読んだ形成的アセスメントに関する本の章について話し合うようなブックレビューであったりする。

個人的な行動計画（15分）

セッションの最後から2番目のアクティビティには、各参加者が次のミーティングまでに達成したいことを詳細に計画することが含まれる。これには、新しいアイデアを試す場合もあれば、すでに試行した手法を統合する場合もある。これは、参加者たちが実施したい仲間同士の相互観察を計画するよい機会でもある。

学習のまとめ（5分）

ミーティングの最後の5分間で、グループは、ミーティングの開始時に設定した学習意図を達成したかどうか話し合う。そうでない場合は、何をすべきかを決める時間をとる。

リーダーたちの役割

リーヒら（2005）が世界中の学校と協力した研究で特に重要な発見の一つは、これらのミーティングがさらに成功するのは、メンバーが現役の教師に限定されている場合だということである。

学習する教師コミュニティ（teacher learning community：TLC）と私たちが呼ぶこうしたグループは、メンバー全員が現役で教えている職業人の特殊な学習コミュニティである。もちろん、スクールリーダーたちは、これらの会合で何が起こっているかを把握したいと思うが、通常、特にスクールリーダーたちがもはや現職で教えていない場合、上級スタッフの存在は、どんなに包括的であっても、常にグループの行動を変えてしまう。TLCの重要な点は、専門家がいないことであり、同じマインドをもつ職業人が集まり、職能開発について互いをサポートすることである。

もちろん、スクールリーダーたちはTLCの進捗状況をモニタリングする必要がある。だが、そのための最善の方法は、スクールリーダーが定期的に（1～2か月に1回）TLCのリーダーたちと会うことである。これにより、TLCがどのように機能しているかについての必要なすべての情報が提供され、同時に、TLCリーダーへのサポートも提供される。こうして、スクールリーダーたちは事実上、TLCリーダーたちの職業的学習コミュニティのリーダーになる。

それが機能していることをどのようにして知るか

学校改善の試みの目標は、最終的には生徒の成績（outcome）の改善である。しかし、成績改善が実現するまでには、時間がかかることがよくある。一部の学校では1年以内に生徒の成績が向上することもあるが、生徒の成績に大きな影響を与えるには2年かかるのが一般的である。生徒の成績を上げるよう学校にプレッシャーがかけられている場合、学校が正しい軌道に乗っているかどうかの確認に2年かかるのは、待ちきれないほど長い時間のように思われる。そこでリーヒら（2005）は、物事がうまく機能している場合、教室で何が起こるかのチェックリストを作成した。

CHECKLIST チェックリスト

学校改善がうまく機能しているときに教室で起こることを確認しておこう。

□教師たちには、効果的チームワークスキルの職能開発が提供され、TLCでミーティングを開く時間が与えられる。
□教師たちは、他者にとってますます「重要な友だち」として行動する。
□教室で適切に実施された形成的アセスメントの実践の広がりが、「学習ウォーク」［訳者注：learning walks　管理職や同僚相互による授業参観］でますます多く観察される。
□生徒たちはそれまで以上に授業に参加する。

□教師たちは適切なやり方で指導法を変更し、基礎となる理論を理解していることが示されるようになる。
□改革の主導権がシフトし、教師たちがミーティングの内容にますます責任をもつようになる。

結論

形成的アセスメントの基本的な考え方、つまり教師たちとリーダーたちは、生徒たちと教師たちの頭の中で何が起こっているかについてよりよいエビデンスがあれば、教育とリーダーシップについてよりよい決定を下すということは、あまりにも明白なため、言及する価値はほとんどないようにも思われる。アセスメントは事実、教え方、指導、学習の間の架け橋である。生徒と教師をアセスメントすることではじめて、生徒が取り組んだ教育的方略が望ましい学習という結果にいたったか否かを判断できる。しかし世界中の教師たちは、自信をもってはっきり意思表示する数人の生徒だけのエビデンスに基づき、次に何を教えるべきかの決定を下し続けている。ひとたび教師が、生徒の表情や自己報告が頭の中で起こっていることを知らせる特に有用な導きではないことを悟るならば、私たちの経験からすれば、教師は形成的アセスメントの力をすぐにも受け入れ、自分が教育プロセスに何を注ぎ込むかよりも、そのプロセスから生徒が何を得ているのかに着目する価値を理解するようになる。

もちろん、学校が生徒の成績を向上させるためにできることは他にもたくさんある。しかし、先行研究により示された費用対効果の割合の大きさを考えると、教室での形成的アセスメントに注目することは、生徒の成績を向上させるため、すべての学校の計画の一部になるに違いない。教師たちとリーダーたちが「私は何をしたのか」とか「私の生徒たちは何を学んだのか」と問い続けるかぎり、そして、これら2つの関係を検討し続けるかぎり、教師たちとリーダーたちは実践を常に改善できる。

Chapter 3

進歩させたいと考えていることや自身の影響について同僚教師と協働する

Jenni Donohoo
ジェニー・ドノフー

episode《エピソード》

シルク・ドゥ・ソレイユは１９８４年にわずか20人の大道芸人で始め、以来サーカスのあり方を徹底的につくり変える組織に成長した。過去36年間で、シルク・ドゥ・ソレイユは60か国、４５０都市で公演し、２０２０年現在４０００人を雇用している。その成功の背後にあるリーダー哲学は何だろう。リーダーは、リスクを冒し、ポジティブな相互依存の強い力を利用することで、創造性に火をつけようと懸命である。『*The Spark: Igniting the Creative Fire That Lives Within Us All*（スパーク：私たちみんなの中にある創造性に火をつける）』[訳者注：Bacon, J. U. & Heward, L. 2006 Canada: Doubleday]で、シルク・ドゥ・ソレイユのクリエイティブコンテンツ部門の前社長は、シルク・ドゥ・ソレイユのコミュニティが協働作業についてどのように考えているか、重要な考えを提示している。そこに含まれているのは、やりがいのある目標の特定、段階的な練習とフィードバックによるより大きな日課の習得、新しい方法で人びととのつながりや接触をよりよくする方法をともに学ぶことである。ショーに参加し、見事に調和したアクロバットを目撃した読者は、集団的な影響を生み出すために、コミュニティのメンバーすべてがいかにお互い（と互いの生活を）を信頼しているかを理解するだろう。

1 本章の概略

「進歩についての自身の考えや自身の影響について同僚教師と協働する」というマインドフレームは、ハッティとチィーラー（Hattie & Zierer, 2018）の著書『*10 Mindframes for Visible Learning: Teaching for Success*（可視化された学習のための10のマインドフレーム）』〔訳者注：邦訳版　原田信之（訳者代表）『教師のための教育効果を高めるマインドフレーム』北大路書房、２０２１年〕の中の、次の重要性を信じる**教師たち**に関連する。それは、責任の共有、協働、チームとしての強さを強化することの重要性である。本章では、リーダーシップの観点からこのマインドフレームを検討し、向上したりと影響を与えたりする協働の大切さを認めることが、なぜ教師の成功にとって重要なのかだけでなく、成功するリーダーシップにとってなぜ決定的な属性でもあるかを概説する。

本章の主なメッセージをここで示すなら、次のようになる。教え方や指導や学習を刷新するには、共通の目標を共有しポジティブな相互依存の価値を理解しているコミュニティで、教育者たちがともに学ぶ必要がある。リーダーは、職業的な学習のためのフィードバックと十分な時間を提供することにより、チームが改善に必要な課題に取り組むのを支援する。シルク・ドゥ・ソレイユのコミュニティのリーダーのように、学校と教育行政のリーダーは、進捗状況をモニタリングし、それらの集団的な影響を知ることがいかに重要かを理解する。

本章を読み終えたとき、あなたはこのメッセージをもとに、次のことが説明できるはずである。

■「コレクティブ・エフィカシー」「完全習得学習」「適度に挑戦的な目標」という要素の重要性。
■教育改革に焦点を当てた協働の方法。
■目標設定が重要である理由と、それをどのように機能させるか。

2 「可視化された学習」研究のどの要因がこのマインドフレームをサポートするか

公式にも非公式にも、定期的に仲間と協働しているスクールのリーダーはたくさんいる。学校と教育行政のリーダーたちが学校教育を改善するという共通目標のために協力していないというのは間違っているだろう。しかし、残念なのは、学校と教育行政のリーダーの協同が不自然であったり、過小評価されたり、エビデンスに基づく対話が欠けていたりすることである。学校と教育行政のリーダー間の協働の焦点は、教室での指導の質を向上させたり、生徒の学習生活を向上させたりすることに対するリーダーたちの効果にいっそう向けられるべきであり、いかにリーダーたちが、テストのスケジュールやコピー予算や雇用手続きといったことから、高い期待やインプットに見合う成長、影響の意味などに話題をシフトさせているかに向けられるべきである。このマインドフレームの中心にあるのは、「成功は、協働がもたらす必然的作用であり、教育行政官、教師、生徒たちが力を合わせるなら偉業を成し遂げることができると信じる強さにある」という理解である（Donohoo,

Hattie, & Eells, 2018, p.44)。

このマインドフレームをサポートする可視化された学習の要因には、コレクティブ・エフィカシー、完全習得学習、および適度に挑戦的な目標を設定することが含まれる。

コレクティブ・エフィカシー

コレクティブ・エフィカシーの効果量は1・39であり、可視化された学習の影響力に関するハッティのリストのトップになって以来、多くの議論で話題にされてきた。教師のコレクティブ・エフィカシーと生徒の成績との関係は十分に確立されており、今や30年近く前のバンデューラ（Bandura, 1993）の研究にまでさかのぼる。最近の研究でも一貫した発見が報告されている（Goddard et al., 2015; Ramos et al., 2014; Sandoval, Challoo, & Kupczynski, 2011）。

教師のコレクティブ・エフィカシーとは、「学校の教師集団が一丸となって生徒たちにプラスの効果をもたらすために必要な一連の行動を実行できるという学校での教師たちの認識」を指す（Goddard, 2001, p.467）。教師のコレクティブ・エフィカシーは、社会経済的状況、それまでの成績、親の関与、および家庭環境よりも、生徒の成績を予測するいっそう強力な因子である。ハッティとチィーラー（Hattie & Zierer, 2018）は、次のように述べている。「明らかに、組織環境を向上させるための学校におけるリーダーシップの推奨によって、協働することや、すべての教師がこの自信の感覚を共有し、違いを生むことに高い期待をもつことができるように、時間をつくり方向づけるといった学校の規範がつくられた」(p.26)。教師のコレクティブ・エフィカシーは、教育改善に焦点を合わせた協働を通じて高められる(Goddard et al., 2015)。また、教師が自分の教え方の影響を知らせるエビデンスに対し思慮深く注意を払うときにも、教師のコレクティブ・エフィカシーは促進される(Donohoo et al., 2018)。これら両方の考えが、次のマインドフレームには組み込まれている。

「進歩させたいと考えていることや自身の影響について同僚教師と協働する」

コレクティブ・エフィカシーはまた、**校長**の実行力と関連する重要な概念である。**リーダーのコレクティブ・エフィカシー**は、学区内および学校間で生徒たちの学力を改善する集団的能力に関して校長たちが共有する信念を指している。リーダーシップの観点からも重要なことは「感知されるコレクティブ・エフィカシーが高いほど、自分たちが試みていることに対してグループの動機づけが高くなり、障壁や挫折に直面したときのグループの持続力が強くなり、パフォーマンスの達成度が高くなる」(Bandura, 2000, p.78)、と多くの文献が指摘している。教育行政官が、改善を守備よく実現するための知識とスキルをもっていると確信していないかぎり、また必要に応じて教師に適切なサポートを提供する能力をもっていると信じないかぎり、たいていは学校改善のイニシアチブをとれない。さらに、効力感が定着していれば、結果として、教師のモチベーションにプラスの影響を与えるリーダーシップを発揮した実践が可能になる。

リーダーのコレクティブ・エフィカシーがリーダーシップの実践に与える効果を調べたリース

ウッドとジャンツィ（Leithwood & Jantzi, 2008）は、リーダーのコレクティブ・エフィカシーが次のような学校の状況に効果があることを明らかにした。（a）指導時間の中断を最小限に抑える、（b）教師を学校の決定に関与させる、（c）教育実践に関するフィードバックを教師に提供する、（d）専門的学習のために十分な時間を提供する。この研究者たちはまた、リーダーのコレクティブ・エフィカシーと生徒の年間達成スコアとの間に有意な相関があることを見いだした。

学校区では、リーダーのコレクティブ・エフィカシーは、質の高い指導、明確な目的、準備の良し悪し、有意義な専門的学習への継続的なアクセスなど、学校区の組織的特徴に大きく影響される（Leithwood, Strauss, & Anderson, 2007）。校長が教育プログラムを積極的に監督したり、教員と一緒に教育改善の実行方法を学ぶには、準備や設備が整っていないと感じる場合、校長の効力感は損なわれる。校区の地域住民や、生徒の出席率の低さ、地区事務所行政官からの要求、リソースの不足、強力な教職員組合に関する課題が話し合いの中心にある場合、リーダーのコレクティブ・エフィカシーは低下する可能性がある。学校と教育行政のリーダーたちが協力し、生徒の成績に対する共同責任と説明責任を促進する方法を見つける地区では、教師と生徒は大きな利益を得ることができる。

学校区は、指導方法ではなく、リーダーの影響を多く話題にすべきである。教師は、自分たちのクラスのすべての生徒に、1年の成長に見合うだけの総合的な効果を実現しているだろうか。教師の協働、教師の教育実践、また自身の仕事に関する教師たちの考えにどのような効果を与えたのかというエビデンスがあれば、リーダーたちは教師が向上していることを確信できるのだろうか。教師の専門的な学習の質はどの程度だろうか。こうした問いは、明確な答えがない適応型リーダーシップの課題に関連しているが、リーダーたちにそのような課題にいっそう果敢に取り組ませるのは、自信を伴う同僚との協働である。

完全習得学習

教室での完全習得学習に関する研究によると、生徒の成績に対する完全習得学習の効果量は0・61である。完全習得学習は、学習者が次の段階に進む前に高レベルの学業成績を達成できるようにすることを目的としたフィードバック・サイクルを生み出す教育哲学である。教師が生徒の成功（ローラ・リンクが第8章で補足する高い見込みのある影響）を促進するために完全習得学習が重要であるのとまったく同じく、完全習得学習は、教師の成功を促進するためにリーダーが教師とともに行なう高い見込みのある強力な実践でもある。実際、完全に成し遂げた経験はコレクティブ・エフィカシーの最大の源であり、自信を構築し、チームの頑張りを動機づけるうえで、大きなウエイトを占めている（Bandura, 1998）。完全習得学習を規範としてシステムのすべてのレベルに組み込むような学校や学校区をつくり上げることをリーダーが熱望する場合、競争を克服する協働の力に対する強い信念が必要であり、確実性を手放し、他者の考えによって自身の信念やアイデアが問われることを許容する意思が必要である。

習熟重視の環境では、教育者は「学習スタンス」を想定するのに対し、学業成績重視の環境では、「自分の仕事をするために知る必要があるすべてを私は知っている」という「知識スタンス」を想定する（Donohoo & Katz, 2020）。学業成績重視の環境では、正しいかどうかに重点が置かれるために、学習と継続的改善から焦点が外れてしまう。個々人の学業成績の目標と個々人への報酬に焦点が絞られるため、内的な競争がさらに強化され、教育者たちは集合体としてではなく、個別に働くことになる。

一方、完全習得学習では、教育者は、肯定的相互依存関係に基づいて共同作業を行なう（Little, 1990）。チームは、生徒の学習ニーズ（または教師や校長の学習ニーズ）を特定し、生徒たちがすでに知っていることや行なっていることが何かを問うことで、力を合わせて専門的実践の課題に取り組む。進捗状況は達成基準に基づいてモニタリングされるため、フィードバックは頻繁に行なわれるが、そのフィードバックは的が絞られ、有益である。最も重要なのは、リーダーがチームを助け、影響のエビデンスを見極め、専門的学習のサイクルの次の段階を特定することである。

適度に挑戦的な目標

生徒が教室で適度に挑戦的な目標を設定すると、効果量は0・59になる（Hattie, 2019）。ロックとラザム（Locke & Latham, 1990）は、個人が挑戦的な目標を設定し、適切なフィードバックを受け取ると、成功へのモチベーションが高まり、学業成績の向上に寄与すると述べている。目標設定に関するロックとラザムの広範な調査から得られた重要な結論は、生徒の現在の習熟度に合わせて

「最善を尽くす」よりも、生徒が**挑戦的な**目標を設定した度合いに基づくことによって、学力が向上するということである。この意味で、このマインドフレームは次の第5のマインドフレームと密接に関連している。

「私は「最善を尽くす」だけでなく、チャレンジに努める」

生徒の学力に影響を与えるリーダーシップの実践として、目標設定の効果量を深く理解させてくれる2つのメタ分析に目を向けよう。目標設定は、マルザーノ、ウォーターズ、マクナルティ(Marzano, Waters, & McNulty, 2005)のメタ分析で特定された効果的なスクールリーダーの一側面であった。生徒の成績に影響を与えるスクールリーダーシップ実践を調査したロビンソン、ホヘパ、ロイド(Robinson, Hohepa, & Lloyd, 2009)のメタ分析では、目標と高い期待の設定は、効果量0・42で(「質の高い教え方の確保」とともに)2位であった。

ロビンソンら(2009)は、「教師と生徒、双方の学習にとって、目標設定は、エビデンスに基づく評価、分析、次のステップの決定という一連のサイクルの一部になっている」(p.109)と述べている。これは、目標設定がこのマインドフレームと特別に関連するもう一つの理由である。目標がなければ、進捗状況をモニタリングすることも、集団的な影響を実現することも、専門的学習のための次の反復を特定することも困難になる。

学校改善の目標設定で教師を(互いに)支援することについてリーダーが自分の役割をどのよう

に考えるかを検討するとき、ロックとラザム（1990）の研究が特に参考になる。リーダーシップの観点からは、この研究は、学校改善の課題に取り組むよう教師を動機づけるリーダーの能力に対するリーダー自身の確信に関するものである。そしてまたこの研究は、協働して目標設定を行なうプロセスにリーダーが価値を置いているかにも関連している。

3　何から始めればよいか

教育的改善に焦点を絞った協働

スクールリーダーは、教育改善に焦点を当てた、脅威のない、エビデンスに基づいた、習熟志向の環境をつくりだすうえで重要な役割を果たす。そして、リーダーは改善サイクルを通して協働的に働くため、チームに参加する。リーダーがチームに参加することで、リーダーは、影響の意味について開かれたコミュニケーションを促進し、生徒の学習の向上に関するエビデンスの分析に教師たちを参加させ、教師を支援して生徒の学習ニーズやそれに対応する教師の学習ニーズを特定し、チームを支援してエビデンスに基づくどの方略を利用するかを学び決定し、スタッフを励まし、質の高い活動の実施に向けて進捗状況を評価するように自らや教師に働きかける。

（上記のような）相互的な改善サイクルを通してチームが協働で作業するため、スクールリーダーはチームに参加することに加えて、教師に互いの実践を観察する機会を提供する。同僚の成功を見ることは、実践の向上とその影響についての共通概念を構築するのに役立ち、学校改善の作業を継続するために必要な個人と集団の自信を構築するのに役立つ。

教育行政のリーダーは、教育改善のための地区の条件を整えるうえでも重要な役割を果たす。リースウッドとジャンツィ（Leithwood & Jantzi, 2008）は、リーダーのコレクティブ・エフィカシーに関連する学校区の最も強い条件は、「生徒の学力と指導の質に対して地区が関心を表明すること」（p.515）であることを発見した。したがって、教育行政のリーダーにとって重要なのは、学校内および学校間の協働の性質に関して、体系的で規範的な期待を表明することである。教育行政のリーダーたちはそのために、行政官たちのモデルになり、さまざまな決定に情報を与える利用可能な研究とエビデンスに行政官たちがアクセスできるようにし、校長たちのチームに参加し、学校の学力への自分たちの貢献をどのように評価するかを学び、リーダーシップの実践に関して他者からのフィードバックをどのように考慮するかを学ぶように関与していくのである。リーダーは、達成基準を共同で作成することもできる。指導的な協働が実現した際、この基準を利用して、影響力のあるその協働が何をもたらすかを特定できる。それゆえこの達成基準は、セルフ・アセスメントや観察のための「見る・聞く」基準として使用され、目的意識をもったリーダーシップの実践を通じて教師の協働を確固たる歩みにするために、フィードバックを提供したり確保したりすることができる。

チームが共有する習熟目標の特定を支援する

なぜ目標設定が重要なのだろうか。まず考えるべきは、先述のように、目標とモチベーションの間には関連があることである。目標が手の届くところにあるかぎり、挑戦的な目標は成功へのモチベーションを高める（Locke & Latham, 2006）。コレクティブ・エフィカシーと目標選択との間にも関連がある。チームが目標とする課題に何を選ぶかは、有効性の確信にある程度基づいている。集団の能力に対するチームの確信が強いほど、自分たちのためにチームが設定する目標は高くなる（Bandura, 1998）。目標のタイプは個人とチームのいずれかに関係する、個人の目標は、チームメンバー間の相互依存を促進することにはほとんどならない（Gully et al., 2002）。これに対し、目標がチームに属し、結果がチームメンバーに共有される報酬を含み、その報酬が集団の遂行能力に左右される場合、チームの目標は、チームメンバー間の相互依存を高めることになる。第2に考えるべきは、目標設定プロセスに関連することである。学校や地区の目標について、生徒、スタッフ、多様なステークホルダーとの間で合意を形成することが重要である。ロビンソンら（Robinson et al., 2009）はまた、リーダーが現在の現実と望ましい未来との間に食い違いを生じさせることの重要性を指摘している。これによって、目標に向けた進捗の状況を定期的に確認すること、将来のプログラムや方向性について意思決定を行なう際、ステークホルダーに目標の検討を頻繁に思い出させることになる。
コレクティブ・エフィカシーが高いほど、いっそう挑戦的な目標が設定されるだけでなく、目標が達成されたときに効力感はいっそう高まる。教職員集団が持続的な改善のための能力を高めるにつれ、教職員集団は目標の難しさを異なった仕方で認識し始める。かつては本当に困難な挑戦とみなしていたかもしれないことを、もはや達成不可能ではないものとみなすようになる。したがって、リーダーはスタッフと協力して、徐々に困難度を上げた**習熟**目標を設定することが重要である。

学業成績重視の目標と習熟重視の目標の違いは、リーダーにとって、理解すべき重要な違いである。学業成績重視の目標は、長期的な成果を損なう。実際、ハッティ（Hattie, 2019）の調査は、学業成績重視の目標が生徒の学力に悪影響を与えることを示している。目標が学習プロセスではなく学習の結果に焦点を当てているため、生徒は表面的な方略を採用しがちになる。対照的に、習熟重視の目標は、生徒がより効果的な学習方略を使用し、助けを求める行動を促す。それらはまた、本質的な動機の違いを生み出しもする。教師チームが目標設定において習熟のほうに傾く場合、それは生徒の場合と同じ効果をもつ。それは、リスクを冒し、間違いから学び、現在のアプローチが機能していないときに必要な補正を行なうことを奨励する。

習熟重視の目標の挑戦の難度を徐々に上げるのは、生徒が自身の学習を新しく革新的な状況に確実に変容できるようになることを目的にしている。習熟重視の目標は、年次テストで**標準通りかそれ以上**の生徒の割合を増やすことに焦点を当てるのではなく、生徒が深く概念的な理解を獲得するのをどのように支援するかや、どのように生徒の能力を構築し、評価能力のある学習者に成長させるかに、教師の努力を集中させる。（学業成績重視ではなく）習熟重視の目標の場合、それは学習プロセスに注意を集中させ、学習者（教師と生徒の両方）が学習にもっと取り組むようにさせる。教師が習熟重視の目標を設定するのをリーダーが助けるとき、この目標は教育者チームを助け、表面的な学習や深い学び、転移（応用）学習の適切なバランスをつきとめやすくしてくれる。生徒を特定の課題にいつどのように取り組ませるかについて決定を下すことや、明確な学習意図と達成基準を設計することや、生徒の指導レベルに適したフィードバックを組み立てる方法をより深く理解することを、習熟重視の目標は促進する。習熟重視の目標は、チームが成功のために何をする必要があるかを分析するのを支援し、教師の協働を教育改善に向けて集中させるのに役立つ。最終的に、この研究は、習熟重視の目標が達成されるなら、学業成績重視の目標は自ずと達成できるようになることを示している（Seijts & Latham, 2005）。

CHECKLIST チェックリスト

スクールリーダーは、

□集団の力を信じる。
□協働（コラボレーション）を教育改善に集中させる。
□チームを支援し、学校とシステムを改善する目標について合意形成する。
□チームの目標、改善方略、進捗状況、与えた影響についてフィードバックする。
□チームを支援し、挑戦の難度を徐々に上げる習熟重視の目標を設定する。
□学校改善に対する自分たち自身の貢献を評価する。
□自分たち自身のリーダーシップ実践に関するフィードバックを考慮する。

EXERCISES
エクササイズ

1　学年別のチームをまとめ、生徒の強みと最も差し迫ったニーズについてメンバーと話し合おう。特定されたニーズに対処するために、エビデンスに基づく方略にはどんなものがあるだろうか（1つ2

つあげてみよう）。チームはこれらの方略についてどうやって学ぶことができるだろうか。

2 学力の向上と学習の進捗状況の違いについてスタッフを話し合いに参加させよう。次のカテゴリーに分類される生徒を特定するようチームに依頼しよう。

・学力上位者―小さな進歩
・学力上位者―大きな進歩
・学力下位者―小さな進歩
・学力下位者―大きな進歩

その意味を議論し、次のステップについてブレインストーミングしよう。

3 教師チームを目標設定プロセスに参加させている間、同僚にあなたを観察してもらう。同僚からのフィードバックを活用して必要な調整を行なったうえで、さらに多くのチームに習熟重視の目標の開発に参加してもらおう。

Chapter 4

私は変化をもたらすエージェントであり、すべての教師や生徒が改善できると信じている

Michael Fullan
マイケル・フラン

episode《エピソード》

2003年のことである。私と同僚たちは、「システム全体」の教育改善を実現する方法に目を向けていた。私たちは20年ほど前からこの問題について研究し、執筆してきた。私は、1982年にこのテーマに関する最初の著書『*The Meaning of Education Change*（教育を変えることの意味）』を出版した［訳者注：Fullan, M., 1982. New York: Teachers College Press.］。2003年の秋のことであるが、カナダ最大の州であるオンタリオ州の首相にダルトン・マッギンティ（Dalton McGuinty）が選出された。マッギンティ首相は、1998年にEQAO（Education Quality and Accountability Office）という第三者評価機関を設立して以来、低迷していた公教育の改善を公約に掲げて出馬した。EQAOは、第3学年、第6学年、第9学年（数学）、第10学年（英語）で、国語力（literacy）と計算力をアセスメントするものである。読み書きの力の到達度は54％にとどまり、高校卒業率は68％で横ばいだった。マッギンティ氏は、私を教育分野の特別顧問に任命した。

対策本部を立ち上げ、ビジョンを策定するという壮大なやり方をあえてとらないで、ゆっくりと取り組むようにした。その代わり、成功している地区は何をしてい

るのかを尋ねたのである（変化させるヒント：一流の実践者の多くは、先端の研究を行なっているからである）。たとえば、トロントの北に位置し、140の学校を擁する急成長中のヨーク地区教育委員会（YRDSB）は、国語力と計算力のスコアを毎年着実に向上させていた。私たちは、ヨーク地区の成功から重要な教訓を導き出した。行動計画としてリストアップし、改良を加えたのである（下記の8つの要素を参照）。これは「ready, fire, aim（準備完了、発射、ねらえ）」だとも言える。成功していたことであったとしても「準備」を怠ってはいけない。

2003年10月のことだったが、選挙の1週間後に私たちは集まり、1ページに収まるように書き表わされたプランを定めた。そこで3つの目標を掲げたのである。

1　国語力、計算力、高校卒業率を20%以上向上させる
2　恵まれない生徒の格差を是正する（例：人種、貧困、第二言語としての英語「ESL」、特別教育）
3　公教育制度に対する国民の信頼を高める

また、文部科学省にリテラシー、算数・数学事務局（LNS）という新しい部署を設置し、一部は省内から、多くは3年の任期で各地域から「出向」させることにして、100人以上の先進的な実践者をコンサルタントとして配置することにした。私た

ちの基本戦略は、**成果につながる能力構築**に投資することであった。私たちはリーダーとして、第3章と第4章で述べる「協働（コラボレーション）」と「結果を出すこと」にコミットすることにしたのである。これが変化をもたらすエージェントの役割であった。私たちがいう能力構築（capacity building）とは、学校や地区レベルで個人やグループがもつ、学習とその成果を向上させるための教育スキルや変革スキルのことであった。オンタリオ州の方略については、より広範囲に書かれているが（Fullan & Rincon-Gallardo, 2016）、その方略の中核は以下の８つの要素で構成されている。

1　少数精鋭の大胆な目標
2　各レベルでのリーダーシップ
3　高い水準と期待
4　指導に関連するリーダーシップと能力構築への投資
5　改善のためにデータと効果的な実践を方略として活用すること
6　非懲罰的な方法での介入
7　コンディションのサポートと注意力散漫の解消
8　透明性、粘り強さ、もっと挑戦させること

72地区の５０００校、10万人以上の教育関係者と２００万人の生徒がかかわる公

episode

的なシステムにおいて、私たちは大きな成功を収めることができた。国語力の到達度は10年間で54%から74%へと着実に向上し、高校卒業率は68%から84%に高まった。また、ESLと非ESLの生徒間の格差をほぼなくすなど、重点分野での格差是正が可能であることもわかっている。オンタリオ州のフォーカスト・インターベンション・プログラムと呼ばれる学力下位層に向けられた方略では、成績不振に陥っている800校以上の小学校を特定した。能力構築支援により、その数は65校に減った。それでもまだ格差は残っており、不公平の問題については後述するが、それでも私たちは、改善は可能であると信じ、多くの生徒を成功に導くことができたことに疑いの余地はない。私たちはこれを意図的な方略をとることによって実現した。

episode

1 本章の概略

エピソードでは、オンタリオ州におけるシステム全体の改革（2003〜2013年）の成功例を示したが、これは可視化された学習の最も強力な要素の一つであるコレクティブ・エフィカシー（collective efficacy）によるところが大きい。以下、本章では、「私は変化をもたらすエージェントであり、すべての教師や生徒が改善できると信じている」というマインドフレームと、深くて持続的で大規模なシステム改革について探っていきたいと思う。そうすることで可視化された学習の要素を組織全体（学校、地区、州）に適用できるよう拡張するのである。

2 「可視化された学習」研究のどの要因がこのマインドフレームをサポートするか

10のマインドフレームは、次の3つのカテゴリーに分類されている。

影響（インパクト）
チェンジとチャレンジ（変化と挑戦）
学習の焦点

10のマインドフレームの要素のうち、中心的なものは、サブファクター4「チェンジとチャレンジ」の中の「私は変化をもたらすエージェントであり、すべての教師や生徒が改善できると信じている」(Hattie & Zierer, 2018, p.xv) とサブファクター3「影響」の中の「進歩させたいと考えていることや自身の影響について同僚教師と協働する」である。270以上の可視化された学習の影響という観点から述べると、協働学習、コレクティブ・エフィカシー、スクールリーダーシップの3つの要因が際立っている。さらに、マインドフレームと可視化された学習が個々の教室や学校だけでなく、教育システム全体にどのように適用できるかを問うことも重要な課題である。オンタリオ州の場合、72地区の４９００校、２００万人を超える生徒から構成されている。仮にあなたが、すべての生徒が向上できるようにするには、集中的な協働が不可欠であると信じるならば、あなたはどこから着手すればよいのかを考えることにしよう。

協働学習

冒頭で取り上げたように、効果的な方略と意欲的なシステムとが組み合わされると、生徒の成功に大きな違いがでてくる。ここでは「協働（コラボレーション）」という概念について、より詳しく見ていくことにしよう。40年以上前、ダン・ローティ（Lortie, 1975）は、学校文化についての先駆的な研究において、既存の学校文化が停滞を好む傾向を有することをいち早く明らかにした［訳者注：わが国でも、教師教育改革の起爆剤となった『スクールティーチャー：教職の社会学的考察』佐藤 学（監訳）学文社、２０２１年で知られる］。彼は、教師の仕事は、相互に補強しあう3つの特性、すなわち、現在主義（今日何をするか）、保守主義（小さな目先の問題を解決する）、個人主義（孤立して仕事をする）によって特徴づけられることを発見した。１９９０年にジュディス・ウォレン・リトルは、この安定性症候群（syndrome of stability）を「プライバシーの根深さ」という言葉で捉えた（Little, 1990）。このような文化を変えるべきだという意見は一致していたようだが、ローティの研究以来

40年間の取り組みの多くは、教師がともに働くにしても、それは表面的な試みの域を超えていないとの結論が下せるだろう。

この5年ほどの間に、より正確で強力な協働へと変化しているのは朗報といえる。この変化には、「10のマインドフレーム」と完全に相通じるものがある。このような強力な協働の核となるのが、人的資本、社会関係資本、意思決定資本という「プロフェッショナル・キャピタル（professional capital）」を再定義することである（Hargreaves & Fullan, 2012）。協働しさえすれば、自動的によいことが起こるわけではない。人は間違ったことをするために協働をすることもあれば、何もしないようにするために協働をすることがある。協働に関しては、数十年にわたり、上っ面の議論が行なわれてきたが、その後、研究者と実践者は弱くて効果の乏しい協働からすぐれた協働をようやく選別できるようになった。最近のところでは、ハーグリーブス（Hargreaves, 協働的専門職）、フラン（Fullan, コネクテッドオートノミー）、ダットナウとパーク（Datnow & Park, 協働の目的）、ドノフー（Donohoo, コレクティブ・エフィカシー）は、どのような協働がプラスの影響を与えるかを明示した。基本的には、高い期待、実践と結果の透明性、相対的な非審判主義、（処方箋ではない）実践の綿密さ、高収益方略（high-yield strategies）、データのアセスメントと活用、相互学習、これらの実践すべてをサポートする参加型リーダーシップなど、いくつかの要因を組み合わせることで、生徒の学習を成功に導くことができるという調査結果だった。

コレクティブ・エフィカシー

ここで、本章の核心に戻ることにする。コレクティブ・エフィカシーは生徒の学習にd=1.39の影響を与えるというハッティの見解は、私の主張を劇的に補強するものである。この見解は、ほとんどの見解がd=1.0を大きく下回っていた係数アンサンブル（coefficient ensemble）の蓋を開けてしまった。可視化された学習におけるコレクティブ・エフィカシーは、「高い期待」「効果のエビデンス」「高収益方略」「教師との頻繁かつ具体的な協働に参加するリーダー」という4つの要素で構成されている。要するに、ある特定の要因の組み合わせが違いを生み出しているのである。

コレクティブ・エフィカシーに関する知見は、オンタリオ州が成功した理由を多くの点でより広いスケールで裏づけている。通常の学校教育は、もはや目的に適っていないことを明らかにしたのである。学年が上がるにつれて生徒の退屈感が増し、成績が悪くなることを示すデータは数多くある。また、高校や大学の文学部を卒業したからといって、生き方じょうずになるわけでも、複雑化する時代を生き抜くことができるわけでもない。この5年間、私たちはその答えを見つけられるのかもしれないと思い、ディープラーニング（＝深い学び：deep learning）という新たな領域に触手を伸ばしてきた（Fullan, Quinn, & McEachen, 2018; Quinn et la., 2020）。ディープラーニングの学習の焦点と成果は、6つのC、すなわち、キャラクター（character）、シチズンシップ（citizenship）、コラボレーション（collaboration）、コミュニケーション（communication）、クリエイティビティ（＝創造性：creativity）、クリティカルシンキング（＝批判的思考：critical thinking）である。当面の学習支援としては、パートナーシップ、教育方法（ペダゴジー）、学習環境、デジタルの活用という4つのデザイン要素があげられる。これらどの要素が組み合わされたとしても、学校、地区、政策環境におけるリーダーシップの条件に支えられていなければならない。

世界情勢の悪化、不公平の拡大、信頼と団結力の低下、より複雑な課題など、利害関係ははるかに大きくなっている。すべての生徒が学ぶことができると信じてよいのだろうか。その答えは、オンタリオ州で取り組まれている基礎学力の比較的単純な課題に示されたケースよりも楽観的なものかもしれない。生徒たちは、その条件や解決策が彼らの深層心理に訴えかけるものである場合に奮い立つのである。私たちは、関連する2つの深い真実を発見した。1つは、ほとんどの生徒がやりがいのあることをすることに魅力を感じているということである。私たちはこれを「世界に関わり世界を変える」と名づけた。6つのCに、支援的な教育方法（pedagogy）、そして教師がパートナーになることで実現する集団的な遂行は、学習への積極的参加を生み出す。2つ目は、さらに深い次元のことであるが、すべての生徒が深い学びから恩恵を受けるのであるが、特に疎外されていたり、通常の学校教育から隔絶されたりしている生徒にとって有益であることがわかってきた。この仮説を体系的に検証したところ、歴史的にみて学校教育から最も疎外されている生徒であっても、事実上すべての生徒に手を差し伸べることができると結論づけられることから、このことは重要な発見となった。

リーダーシップ

最後に、リーダーシップの概念は、可視化された学習研究だけでなく、より広い文献から抽出されなければならないことを述べておきたい。このマインドフレームを採用することは、リーダーとして変化の担い手（エージェント）になることを暗示しているが、マインドフレームにははっきりと示されていない。新しい時代におけるリーダーシップの重要な役割について、もっと詳述される必要がある。

どのような生徒であっても学習することができるという困難な課題に対する答えは、リーダーシップ、それも特殊なリーダーシップに左右される。ニュー・リーダーシップとは、私の最新の著書のタイトルにもなっている考え方であり、**ニュアンス**の異なるものでなければならない（Fullan, 2019）。機微のわかるリーダーは、表面的な部分だけでなく、全体像を捉えることができる。彼らは、あることについては専門家であり、他のことについては見習いであるというように、学習者として参加する。彼らは、仕事を変えるたびに、否が応でも机上の空論になることを知っている（新しい状況について知らないことがあるはずだということを知っているからである）。彼らは、複雑であるがゆえに、計画を共同で決定し、相互にすり合わせをしなければいけないことを知っている。彼らは、説明責任は、透明で発展的な支援を通じて、文化の内部で達成されることを知っている。彼らはより深い問題に取り組み、行動を通じて勇気を養う。彼らは、内部を改善するために外部へ出て行く。図4-1は、このサイクルの一端を捉えたものである。

一流の学習者であることに加え、有能なリーダーは、他のリーダーの育成を支援する。私たちの

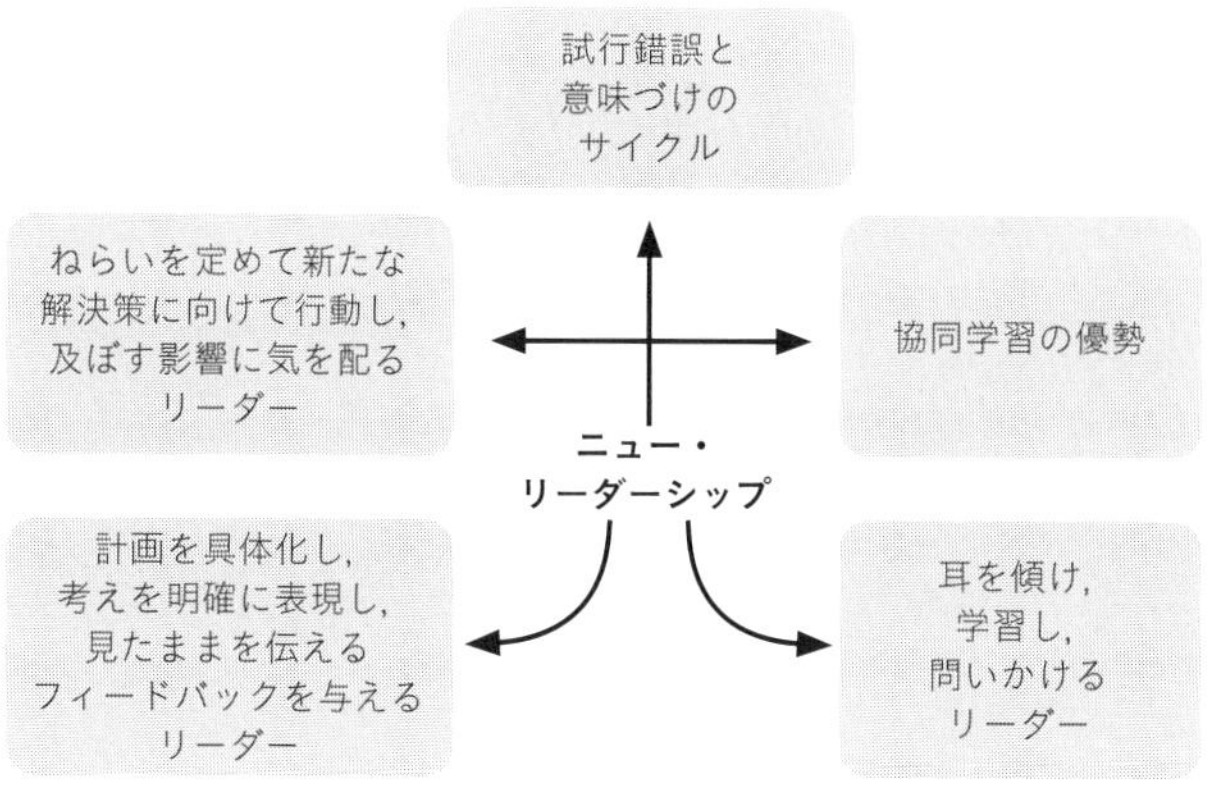

図 4-1　ニュー・リーダーシップ（Fullan, 2019）

表現では、現代のリーダーは、他のリーダーを6年以上かけてもうそれ以上与えられるものがなくなるくらいまで成長させている。その時点で、自分がいなくても組織が回るということを彼らは最初から知っているのである。彼らが残した遺産とは、将来にわたって組織のリーダーシップを継続し、深化させていくことなのである。

3　何から始めればよいか

すぐれたメンターを得ることはもちろんだが、「急がば回れ」というアドバイスに従うことである。つまり、変革のアジェンダ（行動計画）を構築するために一緒に仕事をする人たちとの関係づくりから始めるのである。以下に示すチェックリストは、組織内での学習にゆさぶりをかけ、影響を与える条件を構築するためのガイドラインを示している（Fullan, 2019参照）。

CHECKLIST チェックリスト

スクールリーダーは、

□可能性への好奇心、他者への寛容さ、文脈への敏感さ、よりよい未来を築こうとする誠実さをもつこと。

□関係者がパターンを発見し、それがシステムに及ぼす影響を察知できるように水面下に目を向けること。

□自他の相互の人間性のために、人と人を結びつけること。

□主導するのではなく教えること。

□人々の心というより、気持ちを変えること。

□組織化、調和的編成（orchestration）のための直感をもつこと。

□成功への執念を鍛えること。

□困難に直面しても謙虚であり、グループの成功を確固たるものとし、成功を執り仕切ることに誇りをもつこと。
□組織の文化に説明責任を根づかせること。
□人間性をよりよくするシステムへと変えるために勇気をもち、粘り強く取り組むこと。

リーダーは、以下のエクササイズに参加することで、生産的に協働するための話し合いを始めることができる。

EXERCISES
エクササイズ

●エクササイズA
3人グループをつくろう。
・各自が経験した協働（コラボレーション）が効果的だった実例を1つずつ発表しよう。

・生産的でなかった実例を1つ発表しよう。
・アイデアを共有しよう。
・フリップチャートの真ん中に縦線を引こう。
・左側には、効果的でない協働に共通する特徴をあげよう。
・右側には、効果的な協働の特徴をあげよう。
・自分自身の状況を考えてみよう…マインドフレーム3（影響を与えるためのコラボレーション）と4（すべての人の学習を向上させる変化の担い手であること）を組み合わせるために、あなたがとりうるステップを設定してみよう。

●エクササイズB

一流の学習者のコンピテンシー（Fullan, Quinn, & Adam, 2016）として示された3つのコンピテンシー領域について、自己評価してみよう。

どれくらいの頻度で以下にあげた12の習慣に取り組んでいるだろうか（1＝低い、5＝高い）。

A　モデル学習

1　学習者として参加している
2　能力構築をリードしている
3　学ぶことを優先させている

4　他者のリーダーシップを育成している

B　文化の形成

1　信頼関係を構築している

2　協働作業のためのかたちと進め方を定めている

3　複雑な問題に他者をかかわらせている

4　方略的に情報や資源を確保している

C　学習の最大化

1　教育方法の精度に焦点を当てている

2　少なめに目標を設定している

3　目標達成のための明確な方略を立てている

4　学習への影響をモニターしている

結論

つまり、すべての子どもが学ぶことができると信じることと、変化の担い手（エージェント）になることは、同じことである。リーダーシップは、影響力に着目するのであるが、それには決定した実践の深いところでの変化の経路をかたちづくり、ナビゲートする必要がある。目的の協調一致とそれをめざす行動には、学習者として参加するリーダーが不可欠である。

Chapter 5

私は「最善を尽くす」だけでなく、チャレンジに努める

Zaretta Hammond
ザレッタ・ハモンド

エピソード
episode

サンフランシスコの労働者階級が住む地域のある中学校のことである。給食費が無料または減額対象の生徒が50％を占めていて、人種、民族、言語は多種多様に入り混じっている。校長のジョー・トラスは、教職員とともに前向きな校風と風土づくりに励んでいる。それは学校のモットーである「**私たちは、生徒の成長が認められるような、前向きな学校風土をつくるために努力する**」にも表われている。

トラス氏と指導陣は、スクールリーダーとして、教師たちが大人の文化と生徒の風土を改善するために懸命に働きかけた。あらゆる指標において、学校の社会情動的な雰囲気は改善された。しかし、数年後のことだが、教職員が四半期ごとの成績データを見直したとき、人間関係や帰属意識の改善が指導の改善や生徒の学習の向上に結びついていないことが明らかになったのである。彼は、ある春に行なわれた職員会議で、データを見るために集まったことを思い出す。懸念と戸惑いを表明する教師がたくさんいた。彼らは、学業成績は間違いなく変わると思っていたのである。多くの教師が肩をすくめながら、「最善を尽くしている」と態度で示した。

しかし、トラス氏は生徒の学習の現状に満足することはなかった。彼は、教職員たちが成功に導く風土を形成し、知的な会話を通じて生徒の学習を改善することに焦点化して、次のレベルへ進むための支援をすることに挑戦した。生徒に主体意識をもたせ、取り組んでいることに意味を見いだす機会を与えることが、指導を改善するためには欠かせない手段だと彼は考えたのである。しかしその教師たちは子どもたちとその家族のために環境を改善しようと熱心に取り組んでいたのではあるが、生徒が学習者として知的な対話や議論をする下地づくりというところでは、期待が低かったり考えが欠落していたりすることに彼はすぐに気づいた。このアプローチでは、生徒の自主的な学習を促し、すべての生徒、特に英語〔訳者注：学習言語としての〕を学ぶ生徒が積極的に参加できるような能力構築を行なう必要があると考えたのである。これは、多くの教師にとってコンフォートゾーンからかけ離れたものだった。これまで教師は、生徒が静かにしていること、質問に答えるためだけに話すこと、授業内容の共有を主要手段とする講義など、生徒の言動に従うことに慣れきっていたのである。生徒が、表面的なことだけでなく、理解を深めるのに効果のある知的な会話をするのに必要なレベルの自主学習に対応できているかどうかについて、教師たちが懐疑的であったことも思い出された。

トラス氏は「プロジェクトベースの学習を行なうスキルを身につけるために、学級において専門的な会話をするためのサポートについて具体的に話していた」と振り返る。「まあ、長々と話をさせるのは気が引ける」とか、「クラス全体がまとまっ

episode

ていないと落ち着かない」などという教師の声を聞いたことがある。生徒たちに主導権を渡して、私の学級経営はどうなるのだろうかとも。他の教師も同意見だった。また、「彼らが課題をこなしてくれるとは思えない」と言う人もいた。リーダーはどのようにして、「最善を尽くす」だけでなく、不安を感じることもある「成長の先端（growing edge）」〔訳者注：今まさに取り組んでいることのきわどい問題を知ること〕に向かうよう、教職員をその気にさせたのだろうか。彼は、その場しのぎの技術的な解決策に終始することをやめて、生徒や教師の能力を高めるための共同研究や職能開発を含む多面的なアプローチを用いて、ともに賢くなるよう促したのである。

episode

1 本章の概略

本章の主なメッセージは、生徒の能力に関する私たちのメンタルモデルに挑戦し、教育方法に関する教師の信念（思い込み）への挑戦であり、生徒の認知能力の発達を温かく見守ることを妨げている欠陥思考（deficit thinking）に挑戦することである。スクールリーダーは、たんに「最善を尽くす」だけでは、有効な結果が得られないことを認識している。本章のマインドフレームは、リーダーシップに関する重要なポイントを強調している。**変化は大人にとってはチャレンジ**であり、特に生徒の学習の足腰を鍛えるような指導を公平に進めようとする場合、「最善を尽くす」という現状に引きこもらず、人々が安心して変化に挑めるようにすることがスクールリーダーの主な仕事である。

本章を読み終えたとき、あなたはこのメッセージをもとに、次のことが説明できるはずである。

■可視化された学習の重要な要素である、指導的リーダーシップ、コレクティブ・エフィカシー、学習に対する教え方の影響のモニタリングが、どのように相乗効果を発揮して公平性の針を動かしているのか。

■なぜ「最善を尽くす」ことが努力不足ではなく、欠陥思考の表われになるのか、また、多様な生徒の学習の可能性やモチベーションに関して足かせとなっているような信念（思い込み）に挑むために指導者は何をしなければならないのか。

■大人の学習コミュニティにおいて、ポジティブな方法でチャレンジを活用する「公平性のためのチェンジ・マネジメント」について理解する必要があること。

2 「可視化された学習」研究のどの要因がこのマインドフレームをサポートするか

教師による学習到達度評価

教育的な公平性を確保するには、教師による達成度の推定が重要な要素となる。もし教師が、人種、文化、言語能力、社会経済的地位などに基づいて、特定のグループの生徒の成長能力を信じていなければ、効力のある指導によって学習を加速させようと励む気も削がれてしまう。この可視化された学習がもたらす影響を複雑にしているのは、アメリカやその他の国々における人種隔離と植民地化の歴史である。過去に、人種隔離と植民地化のシステムを正当化するために、学校を含む多くの機関が、人種的差異に関して一連の好ましくない語りを残してきた。「すべての子どもは学ぶことができる」というスローガンがあるにもかかわらず、こうした欠陥をもつ語りが今も私たちの身の周りに数多く残っている。

学校現場で最もよく耳にするのは、マイクロ・アグレッション〔訳者注：小さな「マイクロ」攻撃性「アグレッション」のことであり、見下しや侮蔑的態度、悪意の薄い小さな差別的言動のことを指す〕の専門家であるデラルド・スー博士が「知性の帰属（ascription of intelligence）」と呼ぶものである（Sue et al., 2007）。この語り口は、特定の人種は他の人種よりも知的能力が高いというものである。カリフォルニア大学サンディエゴ校の教育学教授であり、教育の公平性・評価・教育優秀性研究センター

（CREATE）所長のミカ・ポロックは、彼女の著書『*Schooltalk*（学校で語られる話）』において、彼女が「スマートトーク」と呼ぶもので、どのグループが賢く、どのグループがそれほど賢くないかというネガティブな語りが、学校内において隠語化・コード化された方法で広がっていくことを指摘している（Pollock, 2017）。慢性的な学力格差を説明するために、歴史的に疎外されてきた多様な生徒にあっては、自己啓発したり、積極的にかかわろうとしたりつくりだそうとしたりしようとする能力に限界があるという。こうした検証されていない信念を簡単に受け入れてしまうことがあまりにも多い。このような欠陥のある信念（思い込み）は そのほとんどが無意識のものであり、検証されていないことが多い。

スクールリーダーは、教師が生徒の達成度を推し測る原動力となるこうした語り口を表に出し、払拭させるという課題を担う。つまり、教師が学習における文化的差異を知的欠陥と誤解しないように、成功とはどのようなものかを明確にすることである。公平性を重視するスクールリーダーは、教師に対して「(生徒に）大きな期待」をもつようにと言うだけでは、欠陥思考を取り除くことはできないし、暗黙の偏見防止トレーニングを積むだけでは不十分であることを理解している。つまりスクールリーダーは、教師が指導上の意思決定において、これら欠陥のある語り口を後追いできるように支援することが大切であり、専門的に学ぶプロセスを活用し、協働探求を通じてその誤りを証明することにより、生徒の能力に関して新しい語られ方の構築を支援することに長けている必要がある。

コレクティブ・エフィカシー

教師がすべての生徒の学力を高く判断したら、スクールリーダーは、すべての生徒の高いレベルの学習に向けて大きな進歩を確実にするために、コレクティブ・エフィカシーを強化しなければならない。このコレクティブ・エフィカシーとは、学校の教師が必要なスキルをもち、教師全体の努力が生徒の学習にプラスの効果をもたらすと認識することである。スクールリーダーシップの観点から、特に歴史的に不利な立場に置かれてきた生徒に対して、指導に関するスキルと知識を結集することで、生徒の成果をより高いレベルに引き上げることができるという信念を教職員が共有することを意味する。

教育者が「ポブレシート・シンドローム(*pobrecito* syndrome)」に陥ることはよくある。ポブレシートとはスペイン語で「かわいそうな子」という意味だが、この「症候群」は、『*The Trouble With Black Boys: ...and Other Reflections on Race, Equity, and the Future of Public Education*（黒人の子どもたちの問題点：人種、公平性、公教育の未来に関する考察）』の著者ペドロ・ノグエラ博士が、貧しい生徒や歴史的に疎外されてきた人種集団の生徒に多くを期待しない善意ある人たちについて述べたものである（Noguera, 2008）。「かわいそうに、成績が悪くて当然だ、恵まれない立場にあるのだから」と考えてしまうことである。その結果として、教師は、知的能力が低いと思われる生徒のために最善を尽くしていると感じるかもしれない。ある生徒が学年のレベルよりはるかに遅れている場合、教師は1年間で1年分以上の成長を実現するにしても、この生徒の学習はもうこれ以上加速させることはできないと考えるかもしれない。それどころか、大人のほうの能力を高めることで、指導中に生徒がもっと多くの認知的負荷を担えるようにはしないで、ハードルを下げて生徒を「保護」することのほうを選ぶかもしれない。

貧しい生徒やいわゆる「マイノリティ」の自尊心を守りたいという誤った思いから、私たちはしばしばこうした語り口を受け入れ、その結果として、期待値を下げたり、厳しくしきれない「かわいそうな子」というスタンスを受け入れたりしてしまうのである。教師の間では、静かで従順な学級こそが成功の頂点であると言われてきた。他方、研究としては、生徒が学業で成功するには、自ら学習を加速させることができ、活動的で知的に自立した学習者でなければならないと言われている。公平性を重視するスクールリーダーは、成功する学習者の心の習慣とスキルを教師が理解できるようにする。また、スクールリーダーは、文化的な差異を知的欠陥として教師が勘違いしないようにしている。つまりは、生徒の知識の源〔訳者注：既有知・既有経験〕や学習方法を大切にし、それを活用することで、学業上の成功に導けると歯切れよく説明することができるのである。

加えてスクールリーダーは、このような生徒を育成するためには、どのような教え方が効果的かについて明確に説明する手助けをしている。教えることと学ぶことの共生関係を示し、「画一的な方略」ではなく、指導上の意思決定と教育的な内容知に焦点化しているのである。

形成的評価の提供

教師の目標達成度をモニタリングする教育的リーダーというと、不意打ちのウォークスルー（校内巡回）やクリップボード片手に部屋の後ろのほうで授業観察を行ない、頻繁に教師の目標達成度を評価する姿を思い浮かべる人が多いかもしれないが、これは間違っている。教育的リーダーシップの一環として成功への道筋をつけること、すなわち、定期的な授業観察や教師への形成的・総括的なフィードバックを行なうことを通して、授業を支援・評価することがあげられる。形成的評価を行なうスクールリーダーは、学校内の全員が協力して、授業が学習に与える影響をモニタリングすることに重点を置いている。マイケル・フラン（Fullan, 2015）などのリーダーシップ研究者によれば、スクールリーダーが中核となりそうな手軽にまとまった教育方略に教師を集中させることで、また、テストの点数を上げるための新しい取り組みを始めるのではなく、生徒の「学ぶ」プロセスをうまく指導できるような教師をめざす、内省的な実践文化をつくりだせると、より大きな効果が得られるとしている。学習にかかわるリーダーは、「失敗しても大丈夫な」小規模な試行を奨励し、このような試行により新たな可能性を観察できるようにすることに重点を置いている。教師は生徒の小さな変化を見ることができ、それが雪だるま式に増えて大きな学習効果につながることがある。このような小さな試行は、ただ闇雲にやるものでも、方略の実行に重点を置くのでもなく、健全な教育方法に根ざしたものであり、生徒の学習中の行為にスポットライトが当てられているのである。

チャレンジに努めるスクールリーダーは、教師が新たな指導の手を打つことで、生徒がその方法を取り入れて成績を向上させるという意識の変化に対する因果関係に教職員とともに注目し、大人の学習を導こうとする。つまり、スクールリーダーは、教師と生徒の両方に対して、いくつかの異なるタイプのフィードバック・ループの条件をつくりだすのである（例：学習のためのアセスメントの一環としての学習にかかわる会議、生徒の主体性と学習者としての意識を高めるための生徒主導の会など）。日本式のレッスン・スタディや「生徒の作品を見る」記録観察（protocol）を形成的フィードバックのループの一部として組み込んでいる。

ジム・ナイト（Knight, 2007）のインストラクショナル・コーチングの手法に着目し、生徒の学習に対する意識を変えるような指導上の意思決定を教師が気づけるようにした実例もある。生徒の学習への影響をモニタリングし、できるとは思ってもいなかった変化を目の当たりにすることは、自分では気づいていなかったダメな語り口［訳者注：deficit narratives　社会経済文化的に不利な立場にあるから仕方がないと自身を思い込ませていること］に基づいて、生徒の能力やモチベーションに関するメンタルモデルをつくり直すきっかけになることがある。さらに、スクールリーダーは、大人たちが、挑戦したり発達の最近接領域に手を伸ばしたりしていこうとする際に、情意的反応を自分自身でコントロールするための社会的・情動的な器をこしらえているのである。

3 何から始めればよいか

特に、欠陥思考、低い期待、生徒の学習を減速させてしまうような未発達な指導方法といった問題に取り組む際には、変化を通して他者をサポートするために、まず、自分自身の心の知能と社会情動的能力を高める必要がある。

何が成果を生み出しているのかを理解するために、現実をアセスメントする

スクールリーダーは、教師の意思決定に影響を与えるメンタルモデルの現状をアセスメントする時間をとることで、恩恵にあずかる。私たちはしばしば、問題をよく理解しないまま解決策に飛びつくことがある。挑戦しようとするときには、その問題の本質を理解することから始めよう。そのためには、まず、現在教室内で結果を生み出しているシステムを理解する必要がある。2週間から4週間かけて、校内の「システム性」を感じ取るようにしよう。「システムネス（systemness）」とは、マイケル・フラン（Fullan, 2015）の造語であり、学校の方針と実践のさまざまな部分が一緒になって、個々の構成要素が単独で作用するのでは起こらないような結果や成果を生み出す方法を意味する。

失敗を改善のための情報として活用するモデル

多くの場合、教師は、失敗した試みや試作的なものを含むさまざまな種類のデータを使用して、

改善することがどのようなものであるかを確認する必要がある。改善科学の原理を利用して、あなたが探究サイクルを迅速に回し、影響力の高い方略を試し、学校でのリーダーシップや学校のプロセスのある側面を迅速に改善するためにあっという間に失敗してしまう姿を教師たちに見せてあげよう。こうすることで、教師は、失敗を自分に対する汚点としてではなく、よりよいものにするための情報として捉えることができるのである。また、失敗したプロトタイプの事後分析を行ない、何がうまくいき、何がなぜうまくいかなかったのかを理解するための時間をつくることも必要である。

社会神経科学を活用し、挑戦を楽しくて実行可能なものにする

感情をコントロールすることは、チャレンジを受け入れるための重要な要素となる。スクールリーダーは、チェンジ（変化）とチャレンジ（挑戦）の背後にある神経科学を理解する必要がある。教師の脳がストレスホルモンであるコルチゾールを減らし、代わりにドーパミンを放出するような活動を取り入れるようにすることである。ドーパミンは、困難なことに直面したときの忍耐力に関係する。私たちをチャレンジに向かわせ、それによって出てくる不安やストレスを軽減してくれる。

CHECKLIST チェックリスト

次回、学校改善計画に取り組む際には、次のことを考慮に入れよう。

□教育者として経験したその場で当たり前になっている言動について話し合うことによって、教師が自身の期待に影響を与えるメンタルモデルを表出できるようにする。

□どのような教え方が生徒の学習を成功に導くのかについて教師たちと共通の認識をもつように努める。

□教師が協力して実践を向上させることをサポートするための仕組みをつくり、時間を再配分する。

□教師が指導上の意思決定を繰り返し行なえるようにするために、タイムリーなデータを提供するビデオやビデオ会議システムなどを組み込んで、多様なフィードバック・ループを構築する。

□昔からの不公平に対処する場合には特に、大人の学習コミュニティの中で変化を導くときの社会情動的側面の扱いとして、自分自身の文化的能力や心の知能に注意を払うようにする。

EXERCISES
エクササイズ

1　「最善を尽くしている」かのように装った欠陥思考の問題について話すためのスタミナと流暢さを養う。まず、筋書きをつくるところから始めよう。2週間、学校全体で積極的な傾聴の練習をし、さまざまな場面で出てくる「あの子たち」や「あの家族」など、欠陥思考の発言で最も多いものを3つか4つ特定してみよう。次に、そのような発言に対し、今後どのように対応するのかについて、1つずつ**シナリオ**を描いてみよう。

2　教師とコーチが教室でデータを収集するのをストレスなく行なえるようし、観察者による記録やビデオをフィードバックのかたちで使用するモデルをつくろう。

3　学校全体で30日または60日でできる課題を立ててみよう。教師は小さなことでも高い効果を発揮できるような変化を求め、その変化が新しい習慣になるか、古い習慣が断ち切られるまで続けよう。変化を起こすのに何が障りになっているのかに注意しよう。

Chapter 6

私は教師や生徒にフィードバックを提供して理解できるように支援し、私に与えられたフィードバックを解釈して行動する

Peter M. DeWitt
ピーター・M・デウィット

episode《エピソード》

校長先生から、今週のウォークスルー（校内巡回）では生徒の授業の取り組み方を見るという発表があった。校長が校内巡回で得た情報を使って何をするかは知らないが、生徒の取り組み方はあなたの情熱の源であるため、この件への備えはできている。あなたは教師として、学習の対話に生徒が参加する経験を定期的に活性化させている。あなたは常に机間巡視をし、必要な場合には意見を聞き、フィードバックを返している。生徒の取り組み方に焦点を当てた校内巡回は歓迎すべき機会である。しかし、校長が教室に入ってきて、生徒たちが互いに話し合っているのを見回して、次の2つのうちのどちらかの発言をする。（1）あなたの学級経営には少し工夫が必要です。（2）あなたが教えているときに、また私は戻ってきます。これは、あなたが期待していたフィードバックではない。

何が起きたのだろうか。私たちは共通の言語をもちながら共通理解をしていないことがある。フィードバックと生徒の取り組み方は、共通の言語と共通の理解がなければ信頼に欠ける学校風土をつくってしまう可能性のある領域である。

1 本章の概略

本章では、スクールリーダーが教師や生徒にフィードバックを与えるだけでなく、フィードバックに焦点を当てた対話の機会を設け、その対話の中ですべての関係者が互いに学び合う方法について説明する。スクールリーダーは、対話の機会を何か設けるべきものであるかのように考えがちだが、リーダーはフィードバックを受け取り、そこから学ぶことが必要である。

過去10年間、学校でフィードバックはさかんに行なわれてきた。調査によると、フィードバックは生徒の達成を早める可能性があり（Hattie, 2019によると0・66の効果量）、それは学校の大人たちが望んでいることでもある。問題は、それが一方的に行なわれることが多く、しかも、教師や生徒が気にかけていることよりも、フィードバックを与える側が学習や教室ではっきりとさせたいことに焦点を当てた批判めいた言葉として現われることが多いことである。

冒頭で示したエピソードは、学校でよく見かけるスクールリーダーと教師の間のやりとりを描いたものである。生徒の取り組み（エンゲージメント）について話し合うとき、彼らは同じ言語を話していたが、生徒の取り組みについて共通の理解を持ち合わせていなかったのである。フィードバックに焦点を合わせながら、共通理解を築こう。

2 「可視化された学習」研究のどの要因がこのマインドフレームをサポートするか

教師と生徒との関係性

ハッティが行なった学習に影響を及ぼす270件を超えるメタ分析によると、教師と生徒の関係性の効果量は0・48であった。スクールリーダーと教師は、効果的なフィードバックを生徒に提供する方法を考えるとき、人間関係が重要な出発点になることを理解しておく必要がある。生徒たちは、関係性のある教師からのフィードバックならばより多くを受け入れることができる。このことはスクールリーダーと教師の関係にも同じことが言える。人間関係は、教師、生徒、スクールリーダーが学校でどのように活動するかの中軸になるものである。フィードバックを容易に受け取る場合もあれば、聞き入れにくい場合もあるが、学習に浮き沈みがあっても、人間関係が強固であれば、受け止められやすい。

教師の信頼性

教師の信頼性に1・09の効果量があるということは、学んでいるそのプロセスにおいて、生徒が教師をどれほど信頼しているかを意味する。それは単純なことであり、学んでいるときの信頼性の影響はフィードバックプロセスと一体をなしているからである。生徒が教師を信頼できる人とみなし、教師がスクールリーダーを信頼できる人とみなす場合、逆に教師が生徒を信頼できるとみなし、スクールリーダーが教師を信頼できるとみなす場合に、フィードバックプロセスはより強力なものになる。ストーンとヒーン（Stone & Heen, 2014）〔訳者注：『ハーバード：あなたを成長させるフィードバックの授業』の著者。詳細は［14］頁を参照〕は、受け手側がフィードバックの受け入れを拒むフィードバック・トリガーの研究を行なった。フィードバック・トリガー（誘因）の一つは、関係トリガーである。これは、フィードバックを提供する人のことを受け手側が信頼していないときに起こる。

スクールリーダーシップ

17のメタ分析を含む600以上の研究において、スクールリーダーシップの効果量は0・37である。これは、1年間のインプットに対する1年分の成長に相当する0・40の境界点を下回っているが、スクールリーダーシップ研究におけるモデレーターの一つが教育的リーダーシップ（instructional leadership）であるため、フィードバックに関連する重要な影響としてスクールリーダーシップを強調しておくことは大切である。教育的リーダーシップは、過去50年間で最も研究されたスクールリーダーシップの形態の一つであり、その平均効果量は0・40の境界点をわずかに上回っている。

教育的リーダー（instructional leader）は、教職員会議において学習を話題にすることに努めるべきであり、また教師とリーダーが観察のポイントを共通理解して実施するウォークスルーと呼ばれる同僚研修［訳者注：発表者の考えを追体験しながら問題点を指摘し合い、ミーティングののちに管理職向けに報告書を作成し、指摘された問題の解決に努める同僚研修のこと］や学習ウォーク［訳者注：learning walks 管理職や同僚相互による授業参観］に従事し、生徒の取り組みにプラスの影響を与える教授方略に焦点化した観察を行なう必要があることを理解するべきである。学習に関して真剣な対話、ウォークスルーや教授方略の話し合い、生徒の主体的な取り組みへの着目など、教育的リーダーシップの傘下に含まれる方略について、共通の言語と共通の理解を深めようとするスクールリーダーは、効果的なフィードバックを提供するとより信頼される存在になる。

教育的リーダーシップの重要な実践の一つは、教師への形成的フィードバックや総括的フィードバックの提供であるため、信頼性は非常に重要である。このように教育的リーダーは、フィードバックプロセスのあらゆる面を理解し、効果的に適用する必要がある。このプロセスは、フィードバックを与える側が完全にコントロールするものから段階的にそのコントロールの一部を手放して学習者に引き渡すところまで含まれる。とはいえ、フィードバックプロセスにおける人の役割（フィードバックの受け手や提供者、スクールリーダー、教師、生徒）に関係なく、そこに係わるすべての者は互いに提供し合うことができるものとしてフィードバックに取り組むべきであり、このことの理解が重要である。結局のところ、フィードバックは双方向のものである。

4つのフィードバックレベル

表6-1は、自己、課題、プロセス、自己調整という4つの異なるタイプの教育的フィードバックを示している。

ハッティとチィーラー（Hattie & Zierer, 2018）は、「課題レベルのフィードバックは、答えが正しいか間違っているか、達成基準を満たしているかどうかを生徒に知らせるときに起こる」（p.94）と説明している。大人目線でこの課題レベルのフィードバックを検討すると、教師にその方略を用いた経験が不足している場合に、スクールリーダーと教師の間で課題レベルのフィードバックが行なわれていることがわかる。相互教授法やジグソー法のように、彼らにとって新しい教授方略だと、おそらくそうなるだろう。この場合、スクールリーダーは、教師がその教授方略を正しく用いたかどうかに焦点化したフィードバックを提供するのがよい。つまり、教授方略の実施の仕方を改善するためのフィードバックを提供することである。プロセスレベルのフィードバックは、「生徒が学習プロセスに用いた方略や自身の活動の間違いを発見できるかどうか」（p.94）について、生徒と教師が話し合うときに現われる。大人の場合には、教師が方略をより深く理解しているときに、プロセスレ

表6-1　4つの教育的フィードバック

フィードバック	必要な能力	段階的に解放していく責任	フィードバック提供者の役割
自己レベル	課題の詳細とは無関係	該当なし	補完者
課題レベル	新しい教材	私が行なう	教師
プロセスレベル	ある程度の熟達度	私たちが行なう	コーチ
自己調整レベル	高い熟達度	あなたが行なう	メンター

ベルのフィードバックが行なわれやすい。スクールリーダーは、教師がたとえば相互教授法（教え合い）やジグソー法といった教授方略の一つを用いて授業をしているのを見て、生徒が何を学んでいるのか、どのようにその概念を理解しているかについて話をする。たとえば、相互教授法を具体的に見る場合、スクールリーダーは生徒に話しかけて、その教え合いプロセスにおいて自身の役割を理解しているかどうかを確認し、教えられている教材の学習にその方略がどのように役立っているかを理解するために質問をする。間違えてはいけないことは、スクールリーダーは、学習意図を実現するために使用されている方略に熟知していたとしても、教師とともに指導に携わるスクールリーダーとしては、互いから学ぶことにオープンであるべきだということである。

自己調整レベルのフィードバックは、生徒が「課題を正しく完成させたり間違って終えたりした理由を述べるとき」や、「成功したことを説明できるとき」に行なわれる（Hattie & Zierer, 2018, p.95）。教師とスクールリーダーの間の大人の例では、スクールリーダーと設定した目標について教師が自己省察したり、自身の実践を改善する方法を見いだして認識できたりしている場合に、自己調整レベルのフィードバックが起こる。つまり、どの生徒が上達していて、どの生徒にはもっと教える必要があるのか、あるいは別の教授方略を必要としているのかを認識できているようなときに、である。スクールリーダーによるフィードバックの目的は、これらの主張を評価し、教師が自らの影響を評価できるようにすることであり、ここで責任を段階的に教師側に委譲するようにしていくとよい。このことは、特定の目標に関する課題レベルとプロセスレベルのフィードバックを通じて、教師とスクールリーダーが成長した後に起こることが多いが、教師が特定の目標についてすでに深く理解していることで起こることもある。教授方略や生徒の授業への取り組み（エンゲージメント）の例を用いると、教師は生徒の学習への影響を理解するためにエビデンスを活用し、目標に向けた継続的な対話の一環としてそれをスクールリーダーと共有する。

自己調整レベルのフィードバックがどのように生じるかを示す具体例の一つは、スクールリーダーと教師が集まり、教師がその年に追求したい目標について話し合うときである。その目標は、協同学習を通じて生徒の授業への取り組みの意識を高めることに焦点を当てているとしよう。目標達成のプロセスでは、教師とスクールリーダーは目標を達成するために保持してきたすべてのエビデンスをGoogle Keepを用いて保管する。スクールリーダーが学習ウォークやウォークスルーを行なうとき、教師は生徒が学習に意欲的に取り組んでいる様子を写真に撮り、それらの写真をGoogle Keepのフォルダにアップロードする。教師が一人で生徒たちといるときに、教師の直接的な助けを借りずに生徒たちが協同的に活動している写真を教師が撮って、授業がどれだけうまくいったかを示すエビデンスとともに、同じフォルダにその写真をアップロードすることもある。スクールリーダーと教師の予定が合えば、教師がアップロードしたそれらエビデンスを、スクールリーダーに見せることもできる。

学習意図や達成基準が明確に理解されていなければ、フィードバックの多くは課題の具体的な内容とは関係のない「自己」レベルのものになりがちである。つまり、提供されたフィードバックは、学習とは直接関係のない、褒めるだけのフィードバックになってしまい、褒め言葉をもらうのは悪くはないが、学習をより深いレベルに導くのにはあまり役立たない。これにはいくつかの理由がある。本章の冒頭で、一つの理由があげられていたように、スクールリーダーと教師の間で共有すべき言語と共有すべき理解を欠いているということがある。もう一つの理由は、スクールリーダーが信頼性に欠ける場合である。スクールリーダーが学習に関する話し合いに参加しなければ、教師に効果的なフィードバックを提供できにくくなる。つまり、自己レベルのフィードバックにとどまるリスクが非常に高くなるということである。

フィードバックは、フィードバックを受ける生徒や教師の習熟度に直接関連づけて行なうべきものとしての理解が重要である。たとえば、生徒や教師にとって新しい教材であれば、学習内容に関する深い経験がないため、学習プロセスにおいて課題レベルのフィードバックを提供する必要がある。

表6-1でわかるように、フィードバックの提供者の役割は、典型的な教師としての役割であり、内容を理解していて、学習者が自分の答えのどこが間違っていたかを確かめるのに役立つようなことである。責任から段階的に解放されることで、「私はやります」という状況になり、それまでは、学習の要素をわかりやすく手ほどきして、学習がシンプルにみえるように手助けすればよい。

教師と生徒が表面的な学習から深い学びに移行し、次に深い学びから転移（応用）学習に移行すると、フィードバックの役割は変化してより複雑になる。知識の源泉である教師から、段階的に責任が解放されていき、生徒が自身の学習においてより多くの役割を担うようにしていく。プロセスレベルのフィードバックと自己調整レベルのフィードバックは、学習者が自身の学習に自信をもてるようになったときに行なわれる。このプロセスを通じて、教師は、フィードバックの足場かけの方法を学ぶと同時に、コントロールの一部を生徒に委ねることで、教室でもっている自らの統率力の一部を手放す方法を学びながら、教師としての自らの成長を実感していく。

私たちの行程を導いてくれる3つの質問

ハッティとティンパリー（Hattie & Timperley, 2007）は、フィードバックとは「自身の遂行能力や理解の側面に関して、エージェント（教師、仲間、本、親、自己、経験など）から提供される情報として概念化されたもの」（p.81）と示唆している。この定義で重要なのは、フィードバックの受け手は、よくありがちなフィードバックシートの受け手ではなく、理解を深めるために対話に参加しなければならないという点である。

教師やスクールリーダーは、どのようにすれば最も効果的なフィードバックを提供できるのかを常に調査しているわけではないので、彼らのフィードバックは、解決に役立たないばかりか、多くの問題を引き起こすリスクさえある。フィードバックについての話し合いを始めるのに最も重要なところは、可視化された学習の3つの問いである。

どこに向かっているのか。

どのように向かっているのか。次はどこに向かえばよいのか。

教師とスクールリーダーは、表面的な学習、深い学習、移転する応用型学習の機会を設計する際に、これら3つの問いを念頭におき、生徒と教師がそれぞれの問いの重要性を理解できるようにすればフィードバックプロセスははるかに簡単になり、より大きな影響を与えることができる。なぜなのだろうか。フィードバックは、学習意図と達成基準に焦点化したものが最適である。学習意図と達成基準を中心にフィードバックを行なうことは、フィードバックの効果の最大化を保証するための最初の主要なステップになる。これは、本章の冒頭で私たちに必要とされていたステップでもあった。このエピソードのように校長と教師が一緒に学習意図と達成基準を設定していれば、ウォークスルー（校内巡回）の結果はもっとよいものになっていただろう。このプロセスは複雑で、多くの事前準備と練習を必要とするが、学習意図と達成基準の構築に生徒を参加させることは、生徒の学習を最大化するのに最も影響力のある方法である。

可視化された学習の3つの問いは、スクールリーダー、教師、生徒が学習プロセスを通じて明確な道筋を維持するための枠組みを提供する。これを実践する方法を最もよく理解するために、スクールリーダーは教師のニーズに応え、教職員会議、専門的な学習コミュニティ、ウォークスルー、教師の観察などのトピックの一つとしてフィードバックを取り上げて話し合う必要がある。

観察とウォークスルー（校内巡回）

わかりきっていることだが、フィードバックは学習プロセスにかかわるすべての人にとって重要である。多くの場合、スクールリーダーは、教師が生徒に提供すべきフィードバックについて教師と話をするが、スクールリーダーが教師自身の実践について提供する質の高いフィードバックも同様に重要である。残念なことに、そのフィードバックは的外れなことが多い。本章の冒頭で述べたように、スクールリーダーは生徒が授業に積極的に取り組むことを求めている。教師はそれを完璧にこなしているが、教師とリーダーは生徒の授業への取り組みについて理解を共有していないため、提供されたフィードバックは誤った方向に向いていってしまい、ポジティブな体験ではなくネガティブな体験を生み出してしまったようだ。

最近では、スクールリーダーがウォークスルーを行なうことが流行っている。ウォークスルーは、スクールリーダーか、リーダーシップチーム（例：管理者と教師のリーダーの両方で構成される）が教室に足を運び、生徒が経験している学習の感覚をつかむことを目的にして行なわれるものである。ウォークスルーで重要なのは、フィードバックである。これは通常、スクールリーダーが特定の状況下での教師のパフォーマンスレベルを把握するために、フィードバックシートやチェックリストを残すことを意味する。残念ながら、スクールリーダーが教師にフィードバックシートを残しても、そのフィードバックが生徒と教師にとって関心事にならなかったり、さらに悪いことに、教師や生徒が内容を学習する方法をスクールリーダーが完全に見逃していたりしていることがある。

教師と生徒が話し合いの手法を用いてやっていたのを、おそらくスクールリーダーがまったく学習に焦点化されていない行き当たりばったりの会話と勘違いしたのだろう。なぜだろうか。おそらく、そのスクールリーダーは、教師が話している間は、生徒はじっと座って教師の話を聞くといった講義型のデザインを求めていたのであろう。

正式な観察プロセスでは、スクールリーダーは授業中の教師の遂行能力についてフィードバックを提供する責任を負っている。リーダーは、授業の意図に焦点化した事前の顔合わせセッションで教師と対面し、その後45分から1時間教師を観察し、それから数日内に、観察後のミーティングのために教師と会い、リーダーが観察したことを話し合うことになっている。しかし残念なことに、スクールリーダーが正規の授業の前に教師と面談しないことがあり、その理由として、多忙なスケジュールや中央事務局からそこまでは求められていないことをあげるケースがあまりに多い。そのため、スクールリーダーは彼らが観察する授業の学習意図や達成基準を十分に理解していないのである。そのようなスクールリーダーは、部屋の後ろに座って教師を見ているときに、ホワイトボードやインタラクティブ・スマートボードに学習意図や達成基準がアップされているかどうかを探し、それが見あたらないときには、教師がそれを取り上げていなかったものとしてチェックするようである。

この状況に彼らがもう少し違う方法でアプローチしていたらどうだろうか。教室の後ろに座るのではなく、生徒の隣に座り、生徒が質問にどのように答えるかを確認するために、生徒に「何を学んでいるのか」「授業のねらいは何か」と尋ねたらどうなるだろうか。スクールリーダーが実際に生徒と話をすれば、学習者が何を理解しているかを判断でき、より適切で効果的なフィードバックを提供できるようになる。

このプロセスにより、フィードバック・ループを、リーダー、教師、生徒を含めて開放することで、学校コミュニティのこれらすべての関係者がフィードバックをより重視する機会が提供される。

3 何から始めればよいか

ウォークスルーと正規の観察は、リーダーの最も重要な責務の一つであり、最も効果的なフィードバックの手段でもある。正しく行なわれると、これらの活動は教師とリーダー、ひいては学習者に多くの学習をもたらすことができる。その方法を誤ると、学校の雰囲気を壊し、質の高い学習ではなく、コンプライアンス（追従）を推進することになりかねない。

スクールリーダーは、教師とスクールリーダーがフィードバックに関する対話を行ない、共通言語と共通理解を深めるための場を提供することにより、フィードバックプロセスにおける重要な仕組みづくりを支援することができる。さらに、スクールリーダーには、フィードバックを提供し、受け入れ、それに基づいて行動する方法についても深く理解している必要がある。ウォークスルー、教職員会議、専門的な学習コミュニティは、フィードバックを提供するだけでなく、それについて学ぶための重要な場所でもある。

CHECKLIST チェックリスト

スクールリーダーとしてフィードバックを与えるために、

□フィードバックに関する共通言語と共通理解を深めている。

□学習を深めるために、学習意図と達成基準の作成に生徒を参加させている。

□ハッティによって特定された4つのレベルのフィードバック（自己、課題、プロセス、自己調整）を理解している。

□フィードバックとは、学習に関する対話を行なうことであり、一方向の説明ではないことを理解している。

□フィードバックの受け手がフィードバックの提供者を信頼できる情報源とみなせるように努めている。

EXERCISES
エクササイズ

● **エクササイズA**

次のような方法で観察に臨んでみよう。

・**事前の打ち合わせ**…スクールリーダーと教師は、観察される内容について共通言語と共通理解をもつようにしよう。授業中の学習について、どのような学問的な語彙や理解を明確に表現できるようにすべきかを話し合おう。観察する授業の学習意図と達成基準を明確にしておこう。教師は、生徒が理解できるように学習意図と達成基準を部屋に掲げておく必要はない。ウォークスルーや観察の前に、学習意図と達成基準を明確にしておこう。

・**ウォークスルーや観察**…生徒と話そう。生徒たちは学習意図と達成基準を理解しているだろうか。彼らは、授業中に仲間との対話に参加し、仲間に正確で信頼できるフィードバックを提供しているだろうか。生徒たちは教師が教えた学問的な語彙を使用することができるだろうか。

・**事後観察**…学習意図と達成基準について教師にフィードバックを提供しよう。何人の生徒が積極的に取り組んでいただろうか。何を学べばよいのかがわからなくなった生徒はいただろうか。ウォークスルーや観察のプロセスに関して、リーダーに教師からのフィードバックがあっただろうか。

●**エクササイズB**

次のような方法でフィードバックの会話に臨んでみよう。

・**事前の打ち合わせ**…スクールリーダーと教師は、観察される内容について、共通言語と共通理解をもつようにしよう。授業中の学習について、生徒がどのような学問的な語彙や理解を明確に表現できるようにすべきかを話し合おう。なぜ相互教授法やジグソー法が、生徒を学習目標に参加させるのに最も適した方略なのだろうか。

・**ウォークスルーや観察**…生徒と話そう。生徒たちは学習意図と達成基準を理解しているだろうか。授業中に仲間との対話に参加し、仲間に正確で信頼できるフィードバックを提供しているだろうか。生徒たちは、教師が教えた学問的な語彙を使用することができるだろうか。これによってリーダーから教師へのフィードバックがより確かなものになる。

・**事後観察**…学習意図と達成基準について教師にフィードバックを提供しよう。何人の生徒が積極的に取り組んでいただろうか。何を学べばよいのかわからなくなった生徒はいただろうか。ウォークスルーや観察のプロセスに関して、リーダーに教師からのフィードバックはあっただろうか。

Chapter

7

私は一方向の説明と同じくらい対話を取り入れる

Douglas Fisher,
Nancy Frey, and
Dominique Smith
ダグラス・フィッシャー，
ナンシー・フレイ，
ドミニク・スミス

episode《エピソード》

学校管理職のドミニクは、ヘルス・サイエンス高等学校の第9・10学年の教師とともにチームミーティングを開始する。教師のリーダーであるキム・エリオットは、年度当初に協働で定めた一連の会議の決まりを思い出させてから、会議を始める。次に彼女は、先週に活用することで合意した課題の分析に注目させる。エリオットが口を開く。「先週私たちは、生徒が完成させる作文の課題を見直すことに合意しました。生徒が適した習熟度で取り組むことができるようにするために、課題の難易度を多様にするのに時間をかけたかったのです。そして、効果を調べると、その難易度が適切なレベルであることを確信するでしょう」。

部屋には11人の教師がいて、彼らは順番に課題を分析したことを提示し合う。ドミニクはそれに耳を傾ける。ある時点で、教師が「生徒が合格しない場合、私たちはどうしたらよいでしょう。どのような介入が必要でしょうか」と尋ねる。この学校で共同開発した評価方針では、コンプライアンス（追従）よりも習得に着目し、生徒が成功を証明するために、アセスメントを受け直すことを認めている。この学校のモットーの一つが、「学ぶのに遅すぎることは決してない」である。しかし、これは、すぐれた計画と支援があったとしても、すべての生徒が一度で内容を習得できるという意味ではない。チームは、うまくできなかった生徒を支援するために導入すべきシステムに着目し始める。

ドミニクは会話に加わり、次のように述べる。「いくつか質問していいですか。私たちは数週間前に、私たちが与えたアセスメントをあとでやり直せるとわかっていて、それを練習として使っている生徒について話しました。私は模擬試験に関する論文を読み、生徒が自分のでき具合をよりよく把握できるように、模試用のアセスメントを開発すれば、本番用のアセスメントを使わずにすむのではないかと考えました。そうすれば、追加の支援を必要とする生徒がそれほど多くはならないでしょう。何か意見はありますか」。

会話は盛り上がっていく。ある教師は模擬試験の例題を求めて、こう述べる。「私たちはただ試験をするのでなく、試験はプロジェクトや作文にも応用できるのではないかと考えます」。ある同僚は、「私はそれに悩んでいます。生徒は数学で、本番用のアセスメントを練習として活用しているようです。彼らは一年を通して多くを学んでいるとは思いますが、最初のアセスメントでは彼らの点数は低く、だから私たちはもう一度教えて、支援しなくてはなりません。これは本当に賢明な策かもしれないですね」と答える。

会話は続き、エリオットはチームをある決断に導く。彼らは来週、各自で練習用のアセスメントを活用し、項目分析ツールを使って結果を分析し、適切な学習スキルを明らかにする方法を生徒に教える。それから、生徒がその一連の学習でどこに位置づいているかに応じて、練習の別バージョンや、本番用のバージョンを与え、その効果を明らかにする予定である。彼らは、生徒にその回答を次の４つの領域のどれかに分類することを求める共通の形式で始めることを決定する。

私が正しく理解した簡単な項目 私には習得したスキルがある。	**私が正しく理解した複雑な項目** 私には他の人に教えることができるものがある。
私が間違えた簡単な項目 練習を必要とするものがある。	**私が間違えた複雑な項目** 私にはまだ学ばなくてはならないものがある（私は仲間や先生に助けを求めることができる）。

episode

1 本章の概略

この事例研究は、教師との対話に耳を傾け、関与するスクールリーダーの役割を強調する。対話とは少なくとも60秒（おそらくそれ以上）は続く相互の考えのやりとりである。このマインドフレームの可能性を発揮するために、リーダーは対話のスキルを学び、これらのスキルを定期的に磨かなくてはならない。

それをしないで、ドミニクが会議に参加し、彼の新しい学びを発表し、教師に模擬試験を実施するようそれとなく伝える（もっとひどい場合は、要求する）としたら、どうなるだろうか。教師が生徒への期待を明確にしなければならないのと同じように、リーダーは教師への期待を明確にしなくてはならない場合がある。たとえば、ドミニクが率いる学校では、親、生徒、同僚には勤務時間内に対応してもらうことが期待されている。学習意図と達成基準をすべての教室のすべての授業で掲げることも期待されている。

スクールリーダーは時として自身の期待を明確にしなければならないことを認識しているので、学校の日常業務では、スクールリーダーは一方向の説明よりも、対話を行なう必要がある。一方向の説明は、リーダーが何を考え、何をするかを伝えるときになされる。対話では、リーダーは耳を傾け、応答し、考えを共有し、質問し、合意に達しようと努力する。ロバート・ガームストンとブルース・ウェルマン（Garmston & Wellman, 1999）は、次の4つの話し方について説明している。

■会話（Conversation）は、個人のことや社会のことについて、楽しく、さりげなくて友好的に話すものである。通常、管理も支援もなされない。

■**話し合い**（Discussion）は、多くの場合、何かを決定するといった目的がある話しである。人々が考えをブレインストーミングし、可能性を探るので、最初は構造化されていないように見えるかもしれないが、人々がどちらかを選ぶにつれて、構造化されていく。実際、それは討論に似てくるかもしれない。

■**ディベート**（Debate）は、話し合いの極端な形式で、一方の側を支持し、もう一方の側からの指摘に反論する形式である。討論は通常、構造化され、秩序だっている。そこには、他者の考えに妥協したり、他者の考えを踏まえたりする余地はない。

■**対話**（Dialogue）は、会話よりは構造化されているが、話し合いや討論ほど構造化されていない。対話では、決断することや「正しく」あることを迫られることなく、問題を理解することに取り組む。人々は、自身や他者の考えを主張するのではなく、複数の考えを検討する。そうすることで信頼を築く。これは、教師が快適に仕事ができると感じる環境をつくるために重要である（Tschannen-Moran, 2014）。

2 「可視化された学習」研究のどの要因がこのマインドフレームをサポートするか

私たちは他者と交流することで理解を深める。他者と対話することで、思考を広げたり、自身の理解を明確にしたりする機会を得る。他者との交流を通して、自身の考えが問われ、新しい理解にいたることもある。この相互交流で、考えを吟味したり理解したりすることができる。組織においては、責任をもって参加して、評価されているという実感がないと人は動いてくれない。スクールリーダーが一方的に説明しすぎたら、教職員は組織において当事者意識を感じにくくなり、ミッションにそれほど深くコミットしなくなる可能性がある。対話を通して重要な問題にかかわっていると感じると、教師は組織に献身し、その目標の達成に尽力することが多い。学校風土、コレクティブ・エフィカシー、マイクロ・ティーチングといった、可視化された学習のデータベースが提供する影響要因は、スクールリーダーにとって対話が重要であることの理由を理解させてくれる。

学校風土

学校風土（School climate）は効果量0・43であり、生徒の学習によい影響を及ぼす（Hattie, 2019）。簡単に言えば、風土とは組織の雰囲気であり、建物に入るときに気づくことがよくある。学校風土は100年以上にわたる研究の焦点であり（たとえば、Perry, 1908）、生徒の成績、効果的な暴力抑止、教職定着といったさまざまな要因に確実に影響を及ぼす（Thapa et al., 2013）。コーエンら(Cohen et al., 2009)は以下のように述べる。「学校風土は、学校生活に関する人の経験パターンに基づいており、規範、目標、価値観、対人関係、教授と学習の実践、組織の構造を反映している」（p.180）。

ポジティブであろうとネガティブであろうと、どの学校にも風土がある。風土は壊れやすく学校の歴史の進化とともに変化するものである。組織の風土を育むためにも、リーダーは同僚を対話に参加させなくてはならない。カヴァナー（Cavanaugh, 2015）がその著書『*Contagious Culture*（伝染性の文化）』で述べるように、私たちの毎日の「現われ」方が伝染することを、私たちは個人においても集団においても理解しなければならない。学校風土は、私たちが仕事に持ち込む態度に影響される。言い換えれば、私たちの行動や言葉は影響力のあるメッセージを同僚に送り、それが彼らのセルフ・エフィカシー（自己効力感）やコレクティブ・エフィカシー（集合的効力感）を構築することも、害を及ぼすこともできる。リーダーとして私たちは、生徒と教師のために、物理的、情意的、知的にも安心して学べる場をつくらなければならない。

スクールリーダーは定期的かつ体系的に学校風土を観察し、観察結果を活用して、学校文化を創造し、強化し、維持するための行動計画を作成すべきである。この試みに役立つツールはたくさんあるが、クアグリア研究所（Quaglia Institute）（www.quaglia.org）が開発したツールを私たちは特に気に入っている。このツールは、生徒、教職員、家族にとり、組織の風土についての見方を共有する方法を備えているからである。しかし、データよりもさらに重要なのは、データに対してグループで行なう推論と、彼らが採る是正措置である。風土において生徒の学習に及ぼす影響力が最大になるには何をする必要があるのかを明らかにできるのは、データが意味することについて私たちが行なう同僚や生徒との対話なのである。

コレクティブ・エフィカシー

グループの力と、チームの相互作用の一翼を担う対話の有効性は、教師のコレクティブ・エフィカシーの効果量で示され、それは1・39である（Hattie, 2019)。ジェニー・ドノフー（Jenni Donohoo）が第3章で論じたように、教師のコレクティブ・エフィカシーは複雑な概念であるが、学習への影響を考えると、育成する価値がある。この考えには2つの主要部があると私たちは考える。まず、生徒が学ぶ必要があることを決定するためのシステムがあり、その学習を確かにする具体的な計画があり、生徒が期待どおりに学習しない場合には、教師グループが修正しながらその効果を測定するとき、その効果が発揮されることである。次に、この教師グループは、生徒が学習できること、教師グループが生徒の学びを保証する力（スキル、知識、信念）があることを信じていることである。バンデューラ（Bandura, 2000）が指摘したように、「自分たちの行動によって望ましい効果を生み出し、望ましくない効果を未然に防ぐことができると信じないかぎり、行動しようとする動機は生まれにくい」(p.75)。制御体験［訳者注：mastery experience　バンデューラが提唱するセルフ・エフィカシーに影響を及ぼす要因の一つであり、行動を制御することで成功と達成感を得る経験を意味する］は、コレクティブ・エフィカシーを構築するには最も有効な方法の一つである（Bandura, 1986)。教師が生徒の学習を促すために行動と方略を同時に行使すれば、生徒の長所と短所がどこにあるかを見極めることができる。これは、最も有力な効力感に関する情報源の一つである（Tschannen-Moran, Woolfolk Hoy & Hoy, 1998)。教師グループが成功と達成を経験すると、その成功が外部の力ではなく、自分たちの行動によるものと考えるようになる。

制御体験を促すために、私たちはコレクティブ・エフィカシーの学習サイクルを開発した（図7-1）。私たちのモデルは共通の挑戦で始まる。ここで言葉を**共通**にしてあるのは、グループがその挑戦に同意し、グループがそれについて話す機会をもったことを意味する。スクールリーダーがなすべきことは、自室でデータを分析し、教師に目標を発表することだけではない。そうではなく、グループは、データに取り組み、彼らが挑戦するであろう目標を確認する必要がある。コレクティブ・エフィカシーの意識が強いグループは、自身に対してより高い目標を設定することが証明されている（Goddard, Hoy & Woolfolk Hoy, 2004）。

スクールリーダーは、教師との対話を通して、チームがその共通の挑戦や、成果とみなしたいこ

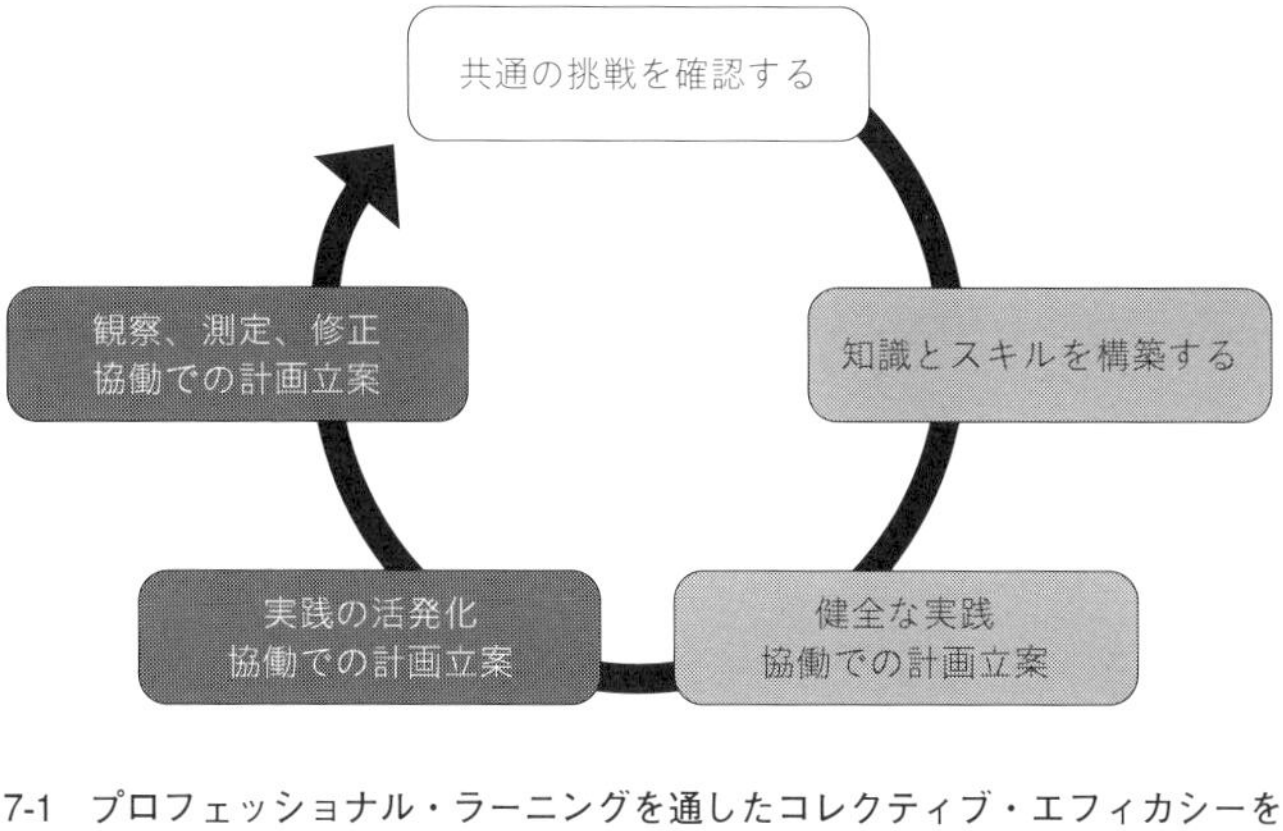

図7-1　プロフェッショナル・ラーニングを通したコレクティブ・エフィカシーを促進するためのサイクル（Fischer, Smith, & Frey, 2020）

とを確認するのを支援できる。チームはそこから学習の旅に出るのである。すぐれたチームでも学ぶべきことはまだたくさんあることを理解し、多様な学習の機会を受け入れている。彼らは時に、本、記事、ウェブサイトを読む。またある時は、ワークショップやセミナーに参加する。重要なのは形式ではなく、チームで一緒に学んでいるという認識である。

学習する際に、チームのメンバーは、私たちが**健全な実践**と呼ぶものに取り組む。彼らは考えたことを試し、実地で確かめようとする。彼らは失敗し、その過ちから学ぼうとする。この段階では、リーダーは教師に耳を傾け、対話をしており、たんに教師を観察して批判的なフィードバックを与えるのではない。教師には、他者の目にわずらわされることなく、新しいやり方を試す機会が与えられる。

当然、これは**実践を活発にする**ことにつながるであろう。ここでも、対話が重要である。コレクティブ・エフィカシーが強いグループはたんに同僚の方略を反復するのではなく、むしろ、同僚が使っているアプローチの微妙な意味合いについて理解を深める。この段階では、指導が生徒の学習に与える影響に留意しながら、教師が互いを観察することで学習するという代理経験を引き起こす。代理経験は、コレクティブ・エフィカシーの構築を可能にするもう一つの方法である（Bandura, 1986）。こうした健全な実践で同僚と学ぶことは、彼らがその目標を達成できるというチームの確固たる信念を構築する。

実践がより理解されるようになると、モデリング（modeling）［訳者註：自身の直接的な体験ではなく、他者の行動の観察による学習を意味する］の効果が発揮される。制御体験ほど強力ではないとしても、モデリングや社会的説得［訳者註：言語的説得とも呼ばれ、成功を信じさせる言葉を繰り返すこと］もコレクティブ・エフィカシーを生み出し、維持するうえで重要である（Bandura, 1986）。

おそらく最も重要なのは、すぐれたグループが観察、測定、修正していることである。彼らは成功を確認し、その影響に注目する。彼らが努力を続けるにつれて、この情報は糧となる。グループは、外的要因ではなく、彼らの努力が影響を及ぼしていると捉えるようになる。コレクティブ・エフィカシーが高いグループは、何をしても最初からうまくいくということではない。違いは、彼らが共通の挑戦をなし遂げるために、自分たちの取り組みを**観察**、**測定**、**修正**するところにある。彼らは、その成功経験を努力の結果と考え、次のサイクルでの新たな目標を設定する。

スクールリーダーは、コレクティブ・エフィカシーの構築、維持、強化というサイクルを理解しなくてはならない。リーダーの役割は、教師と協力し、教師と実のある対話を行なうことである。

マイクロ・ティーチング

大人同士の対話を通して生徒の学習に影響を与える第3の方法が、マイクロ・ティーチングである。この効果量は0・88（Hattie, 2019）であり、注目すべきである。少し前までは、教授と学習の映像や音声をコンピュータに取り込むのには、かなり手間がかかった。高品質のサウンド機能を備えたハンディビデオ機器をほとんどの人がもっていなかった。しかし今では、誰もがもっている。

携帯電話とタブレットは、学習環境を取り込むためのすぐれた機器である。しかし、たんに教室をビデオ撮影するだけで、私たちが必要とする影響がもたらされるわけではない。

変化を生み出す可能性を秘めているのは、映像をもとにした対話である。生徒が何を学習していたかではなく、教師が何をしていたかに観察の焦点を置く場合があまりにも多い。従来のビデオ映像のない観察では、観察者は自分が見たことを教師に伝える。これは見解や想起バイアス［訳者注：研究参加者に対して過去の出来事や経験を想起させて得られた回想の正確さや完璧さの違いから生じる系統的な誤差のこと］の違いを引き起こす。観察者はしばしば詳細なメモをとりながら自分の主張を裏づけようとする一方、被観察者は守りの姿勢に入る。マイクロ・ティーチングはそれを断ち切る。教師に、自身の動きと、その動きが生徒の学習に与える影響に気づかせるために、ビデオが活用される。

マイクロ・ティーチングの会話ではビデオの短い場面に焦点化し、教師の動きとその動きに対する生徒の反応が詳細に分析される。まず、私たちが勧めるのは、話し合いの場面を教師に選択させることである。多くの教師は、自分たちに不利になるように「エビデンス」が利用されるかもしれないと危惧し、記録されるのを警戒するというのは周知のことである。マイクロ・ティーチングは成長と影響にかかわることから、それを機能させるには、信頼を構築する必要がある。リーダー（教師のリーダーを含む）は事前に教師と話し合い、録画の適切な活用と不適切な活用に関する概要を明確にすることをお勧めする。たとえば、ある時には、相互にやりとりして、デジタルファイルを削除する。またある時には、ファイルが観察者の手に渡ることが決してないように、観察者は教師の機器を使って記録する。さらに、私たちが勧めるのが、生徒の学習の向上に関心のある希望者から始めて、徐々に実践を広げるように配慮することである。ビデオクリップを活用しながら、同僚と学習体験を話し合うマイクロ・ティーチングが当たり前となる日が来ることを確信している(Shaw, 2017)。

重要なのは、マイクロ・ティーチングの一環としてのビデオについての会話は、教師が間違ったことすべてを逐一並べたてることに焦点化すべきでないということである。マイクロ・ティーチング中の会話で活用できる質問例のリストを作成した(Fisher, Frey et al., 2020, p.98)。

■あなたは生徒が何を知り、何ができるようになることを望みましたか
■あなたは何を結びつけていますか
■あなたは、これまでの考えを裏づける何かを見たり聞いたりしましたか
■あなたは、これまでの考えと矛盾する何かを見たり聞いたりしましたか
■あなたは、どの瞬間が特に効果的であると感じましたか
■あなたは、どの瞬間が期待したほどうまくいかなかったと考えましたか
■これらの瞬間を比較すると、どのような違いがありましたか
■あなたが定めた目標を達成するために、何を変えるつもりですか
■あなたが必ずもう一度やりたいことは何ですか

マンナ（Manna, 2015）が指摘したように、校長は効果的な教え方の拡大鏡と乗数［訳者注：教え方の変化が波及的に変化を生み、さらなる変化を生み出す効果を意味する］である。実際、スクールリーダーは効果的な教え方を拡大する人であり、乗数効果を与える人に**なりうる**と私たちは考えているが、それは彼らが対話をさらに増やし、一方向の説明をより減らすときにしか起こらない。残念ながら、彼らも学校風土を傷つけ、教師のコレクティブ・エフィカシーを減退させる行動をとるかもしれない。ハッティ（Hattie, 2019）が指摘するように、校長の影響の効果量は0・37で、平均をわずかに下回る。高い見込みのある実践を確実に学校全体に広げて定着させることによって、効果と実効性を高める必要がある。

3 何から始めればよいか

これまでを逆転させるつもりはないが、そんなに話すのはもうやめよう。もっと耳を傾けよう。もっと言えば、次回の教師グループの会話を記録し、それを再生して、あなたが会話を主導する頻度とあなたが対話する時間を確かめてみるとよい。このマインドフレームをまだ実践していないとしたら、認知コーチング方略から書き出すことをお勧めする。いくつかの主要な対話スキルには、次のものがある（www.thinkingcollaborative.com）。

■一時停止：反応する前に、他者の話を聞く時間を十分にとる。
■言い換え：聞き取ったことを言い直し、他者の見方を確実に理解できるようにする。
■質問の投げかけ：考えを共有するよう働きかけ、他者の考えを確実に理解できるよう質問する。
■話し合いの対象となる考え：他者を理解したら、会話に情報を追加することができる。自身の立場上の力ではなく、考えに会話を集中させよう。
■データの提供：グループにデータを使って取り組むための情報を与え、データから推論を導くことができるようにする。
■自己と他者への注目：あなたの心的状態と非言語的表現に注目し、それが自分の伝達内容と一致するようにする（グループの他の全員はすでに気づいている）。
■肯定的な意図の想定：グループのメンバーが生徒に対してできるかぎりのことをしたいと望み、その成果に向けて努力する意思があると想定する。

CHECKLIST チェックリスト

次の項目は、あなたが一方向の説明ではなく、対話をするのに役立つであろう。

□あなたの学校の風土をアセスメントする。
□他者とデータについて話し合い、計画を立てる。
□コレクティブ・エフィカシーのサイクルを導入し、グループにその共通の挑戦を確認させる。
□あなたが話す時間数と聞く時間数を測る。
□あなたとともにマイクロ・ティーチングに参加する希望者を探す。

EXERCISES
エクササイズ

1　教師の許可を得て、次回のチームミーティングを記録しよう。あなたの動きに注目しよう。一時停止したか。言い換えたか。上述したどの動きがあなたのやり方では有力か。あなたが対話で重視する価値に関して、データは何を伝えるか。

2　教師が「早い段階での成功」を体験する専門的な学習セッションを計画しよう。「早い段階での成功」とは、グループの成功は自分たちの努力によるものとみなすことができる何か有意義なことの達成を意味する。そこから、コレクティブ・エフィカシーがもつ力を発表し、チームの経験を積み上げることに取り組もう。

3　リスクを負って、授業をしよう。その授業を記録し、学内で教師とともにマイクロ・ティーチングを実施しよう。あなたが傷つきやすいこと、あなたが彼らのフィードバックに耳を傾けていることを教師に示そう。

Chapter

8

何ができたら成功なのかを最初から教師と生徒に明確に伝えている

Laura Link
ローラ・リンク

エピソード
episode

アボイテ小学校の1学期最初の職員会議で、ミラー校長は教職員を称えた。というのも昨年に比べて生徒の成績が34％も向上したからである。104名以上の生徒が単元ごとに「熟達」（グレードAないしB）の水準に達したのである。ミラー校長は3年生から5年生の総括的なアセスメントに大幅な改善が見られることも賞賛した。これらの学年では、20％以上の生徒が学年末の総合試験で「熟達」の水準に達した。ミラー校長は、生徒の目標達成のために教職員が協働し期待を共有したことをあげ、今年も同様、生徒の成長目標の実現のためにすべての先生方が準備万端整えていると確信している、と話した。

またミラー校長は、本年度の教師たちの期待ならびに生徒の学年末目標の設定に教師が意見を出したことに謝意を述べた。ミラー校長は、この2つ、つまり本年度にかける教師の期待と、生徒に達成させたい学年末の目標は、教師用ハンドブック(Teacher Handbook）と夏休み明けに教師に送る「ウェルカムバック・レター」の両方に書かれていることを指摘した。ミラー校長は、会議を通してみんなで確認した達成基準をもう一度教師たちに思い出させた。つまり、

1 達成基準を意識した単元構想に基づいて授業をつくり実践する。
2 単元ごとに2つの並行した形成的アセスメントを行なう。
3 単元ごとに異なる方法で関与し、学習を改善する多様な機会を生徒に提供する。
4 生徒がやりがいを感じ、挑戦したくなるような活動を単元ごとに多様に用意する。
5 一人ひとりの生徒と学級として進歩したところを記録する。

また、ミラー校長は、すべての教師が生徒の学年末成長目標に対する進捗状況を記録したデータを形成的評価会議の場でともに確認し参照するよう促した。教師の意見に基づいて、ミラー校長が新たに設定した形成的評価会議のスケジュールには、その開催日時が明記されている。その会議で教師たちはミラー校長もしくは管理職の誰かと面談し、年度当初の単元用に計画された形成的アセスメントのための行程表（達成基準）の是非を議論する。昨年と同様、この形成的アセスメントの過程を辿ることによって、ミラー校長や管理職は、授業と形成的アセスメントのために管理職と教師の双方が合意した達成基準を踏まえて、何らかのフィードバックを教師に提供したり、逆に教師からフィードバックを求めたりできること、またそのフィードバックは年間を通して定期的かつ恒常的に行なわれる、とミラー校長は言う。教師が生徒を形成的にアセスメントし、その後に改善された授業を観るのと同じくら

episode

い、その教師の最初の授業を参観するのはとても楽しみなことだとミラー校長は強調する。ミラー校長は教職員に対して、高い期待を掲げ続けること、年度末には再び生徒の成長目標を達成できるよう日々の目標に準拠した支援を提供するといったことを含め、自らの役割をしっかりと果たしていくと教師たちに伝えている。

episode

1 本章の概略

この事例研究でも示しているとおり、目標を明確にすることはすぐれた実践の鍵である。効果を上げるためには、教師はいかなるときも、何が生徒の成功に役立つ最も大切なことか、そして彼らがどのようにうまくいっているのかを知る必要がある。しかしスクールリーダーが目標を明確にすることを最優先できず、コミュニケーション不全に陥ったり、誤った目標を設定したり不適切なフィードバックや評価方法を提供したりすることはよくあることだ（Tuytens & Devos, 2016; Wahlstrom & Louis, 2008）。このように不確かな状況は、教師たちを誤った結果に追い込んでしまったり、間違った判断をさせてしまったり、生産性のない方向へ追いやってしまったりする原因となる。目標が明確であれば、**教師も生徒も**効率よく積極的になれるし、自信ややりがいを感じ、学校で優先順位の高い課題や解決しなければならない問題を自分のこととして考えることができる(Smith, 2018; Welch & Hodge, 2017)。たしかに、目標を明確にすることは容易ではない。しかし、目標や期待を設定し、その目標達成に向けて何かサポートしたり、さらに目標達成のために合意した指標を用いたりする際、スクールリーダーが明確な目標をもっていればいるほど、教師や生徒はその能力を最大限に発揮できるのである(Fullan, 2009; Sanders, 2014)。

2 「可視化された学習」研究のどの要因がこのマインドフレームをサポートするか

つまるところ、スクールリーダーは教師と生徒の成長を促す文化を構築するのに必要な組織的支援を実現することに責任を負っている。事実、スクールリーダーが個人とシステムの改善努力の双方についてきわめて重要な役割を果たしていることに議論の余地はない(Fullan, 2009, 2014; Leithwood et al., 2004; Link, 2019; Papay & Kraft, 2016; Saphier, 2017)。しかし、たんにスクールリーダーの役割を果たしているというだけでは不十分なのだ。教師と生徒の成功に影響を及ぼすリーダーシップには、何よりもまず、教師の目標とその目標達成に向けた教師の期待を明確にすることが必要である。

教師は何事も明確に

教師は生徒に学習のめあてと達成基準を明示しなければならない。それとまったく同様に、スクールリーダーも**教師**に対して、学習のめあてと達成基準を年度当初に、また年間を通して明確にしなければならない。それは生徒の学習に最適な影響を与えられるよう、学校が総力をあげて取り組むことを確実にするためである。明確な目標意図の効果量は0・51である（Hattie, 2019）。教師は自分たちに何が期待されているかを知ることで、効果的に計画を立て、教え方とアセスメントを構造化し、生徒が願う年度末の学業成績の目標を達成できるようにしなければならない。このことのために、長期にわたり多様な方法で明確にかつ繰り返し期待を示す必要がある。しかし、たんに目標と期待さえもっていれば、教師の遂行能力と生徒の学業成績が自動的に向上するわけではない。学習に積極的に向かう教室環境をつくり上げるために、スクールリーダーは完全習得学習や形成的評価といった組織的支援を実現しなければならない（Papay & Kraft, 2016）。

目標と期待が明確でないと、曖昧さが生じる。生徒の学習目標や教師の期待が曖昧ならば、それらを満足させる必要がないのである。またその曖昧さは、情報の解釈の仕方に何らかの偏りや思い込みをもたらす余地を生む（Smith, 2018; Suftka & George, 2000）。曖昧さによって、スクールリーダーや教師は教師間で一貫性を欠いた決定をしがちになる。また曖昧さによってスクールリーダーと教師は受身になりやすい。つまり、解決を要する最も重要な課題に取り組むことよりも、その折々に目立つ課題を場当たり的に処理するようになってしまうのである。曖昧さがあると、学校や学区は、生徒の学習に無くてはならないすべての要因に対し、集中し、調整し、関与して動かしていくことができなくなってしまう（Guskey & Link, 2019）。

結論的に言えば、「何ができたら成功なのかを最初から教師と生徒に明確に伝えている」というマインドフレームでスクールリーダーが動いていれば、目標の明確化が先行し、教師の遂行能力と生徒の学業成績は向上するのである。

完全習得学習

ベンジャミン・ブルーム（Bloom, 1968）による完全習得学習は、スクールリーダーと教師が学習のための学級を創造し、それによってより多くの生徒が高いレベルで学習することができる実践的な方略である。完全習得学習が生徒の学力に与える影響の効果量は0・61に達する。完全習得学習の基本的な考え方は、生徒に十分な時間と適切な指導が与えられたとき、生徒はよりよく学習でき、その単元の基礎的な概念や技能に習熟できるというものである。

完全習得学習では、生徒の学習目標を明確に定めることがきわめて重要である。教師はこれらの目標を用いて、学習の進捗状況にかかわる定期的かつ具体的なフィードバックを生徒に提示できる。明確な目標は、教師とスクールリーダーがこれらの目標を達成するのに必要な指導上の段階を定めるのにも役立つ。たとえば完全習得学習は、すべての生徒がその学習に対して**診断的な**フィードバックを得られることを強調している。つまり生徒が受け取る情報は、何を学習することが期待されているのか、そのポイントに照らして何がうまく学べているのか、そしてよりよい学習のために何が必要かを正確に伝えるものでなければならない（Guskey, 2010）。完全に習得できていない生徒には、正確に習得させるための学習活動を通して、より多くの時間を費やして定着すべき概念やスキルが何かを明らかにする**処方的**フィードバックがもたらされる。このような生徒からのフィードバックや修正目標を教師がどのように達成するかについて、まず双方の期待が定まる前に、スクールリーダーは日常の授業参観の際、教師の実践的な努力により正確なフィードバックを提供する。さらにスクールリーダーは、設定した目標に対する教師自身のセルフ・アセスメントを確認することで、教師の遂行能力と生徒の学業成績の改善につながるかもしれない教師の誤解や混乱が何かを明らかにできる。

最近の評価では、1年にわたって試行的に完全習得学習に取り組んだ教師は、すべての学年とすべての教科にわたる学級のアセスメントで、「熟達」（グレードAかB）に達した生徒の数が25%増加した、という結果を目の当たりにしたという（Link, 2018）。完全習得学習はすべての生徒に対して、生徒自身に合う個別化した指導を与え（Tomlinson, 2006）、また具体化された目標設定と期待を満たすことのできる、より望ましい学習条件を与えている（Guskey, 2010）。

形成的評価

マイケル・スクリヴン（Scriven, 1967）はプログラム評価に関する2つの主な機能を説明する際、形成的評価（formative evaluation）と総括的評価（summative evaluation）の違いを明確にした最初の研究者である。スクリヴンにとって、形成的評価とはプログラムの**過程で**発達と学習改善を促すことを意図したものであり、これに対して総括的評価とは学習過程の**最後で**その成果を評価するために用いるものである。ベンジャミン・ブルーム（Bloom, 1968, 1971）は、この概念、つまり形成的アセスメント（formative assessment）と総括的アセスメント（summative assessment）を完全習得学習に取り組む一斉指導の過程に組み込んだのである。ブルームにとって、形成的アセスメントとは、**生徒と教師**の双方にフィードバックを与えるときに用いるツールである。機能に応じて、いかなるアセスメントも形成的評価（授業中に行なう）にも総括的評価（授業後に行なう）にも用いることができる（Hattie & Zierer, 2018）。したがって、評価の機能やアセスメントの効用は、それらがどのように用いられるか次第である。生徒の学業成績に与える影響として、形成的評価の効果量は0・34であることが「可視化された学習」の研究から明らかになっている。

教師が何らかのアセスメントを用いて形成的評価を行なう場合、その結果は教師が生徒から価値ある洞察を得るのに役立つ。つまり、その結果に基づいて教師は生徒に対する自らの影響を理解したり、授業のあり方を調整したりできるのである。形成的評価は、教室で起こっていることについて教師に重要な情報を提供するので、教師は生徒に対して設定しためあてを達成するのに「どのようにすればよいか」を自分で確認できるし、生徒にとっての「次にどこに向かえばよいか」を決めることができる。

フィードバックの一形態である形成的評価には、特殊な目的がある。それは学習過程の目標に焦点を当て、学習者がその目標に到達したかどうかを判断するというものである（Hattie & Zierer, 2018）。そのフィードバックは、教師とスクールリーダーの双方に対して、生徒が**現在の単元目標と全体の学年末目標**に向かってどのように成長しているか判断するよう促すものである。

形成的評価を効果的に実践する最初のステップとは、スクールリーダーや教師が生徒の学年末目標を明確に定義し、この目標を達成する行動計画をデザインし、その行動に関する目標関連情報を一緒に提供することである（Wiggins, 2012）。このように、学習を改善することは、具体的な単元目標と学年末目標に対する生徒の進捗状況を継続して測定し、その結果をもとに指導のあり方を調整する教師の能力に依存するのである。形成的評価を効果的に活用すれば、ある学年ないし教科の達成基準を明確にできるし、教師が年間を通して生徒とその親に対して、成功に向けた進捗状況をより正確に説明するのに役立つのである。

スクールリーダーは教師の遂行能力の主たる評価者（Isoré, 2009）である。それ故に、教師自身や生徒の学年末目標に向けた教師の進捗状況にスクールリーダーが常日頃から注意を払っていれば、教師の成長と生徒の学業成績に大きな影響を与えることができる（Marzano, 2012; Mielke & Frontier, 2012）。教師に対して効果的な形成的評価をするために、スクールリーダーは授業中に観察したものに対してありきたりなコメント以上のものを提供している。授業がその日の目標に照らして順調に進んでいるかどうかを教師に伝えるだけでなく、教師が学年末に望ましい水準まで生徒の学業成績を高めているか否かを継続的に教師に伝えるためにも、スクールリーダーは形成的評価を用いるべきである。

このことを成し遂げるために、スクールリーダーと教師はともに力を合わせて最初に形成的評価における達成基準を作成し、年間を通して教師の実践を活気づけるためにこれを用いるとよい。達成基準を作成することで、教師もスクールリーダーもすぐれた実践に何が求められているかを明確にできるし、学年末の目標に対する遂行の質を正確に評価するためのツールを手に入れることができるのである。

③ 何から始めればよいか

このマインドフレームを身につけるために最も大切なステップの一つは、年度当初に達成基準を明確にすることである。そのためには、春には生徒の学業成績をどうしたいのか、そして年間を通して教師の遂行能力をどうしたいのかを、秋の時点で把握しておかなければならない。スクールリーダーは「望ましい学級文化をつくってくださいね」とか、「生徒のために魅力ある仕事をしましょう」といった曖昧な期待を教師に伝え、その意味を考えさせようとして教師に丸投げすることはやめなければならない。有能なスクールリーダーは、年度当初に学習の成功した姿と授業過程のイメージについて教師と対話を重ねている。**生徒と教師**の進捗状況を測定し、フィードバックを求めたり、提供したり、指導上の意思決定を行なうために合意された達成基準を、スクールリーダーと教師が協働してつくりだしている。この達成基準は、スクールリーダーと教師の共通理解、教師への実行可能なフィードバック、そして学年末目標の達成に向けた具体的な参考資料のよりどころとなる。達成基準に対して教師がどのように遂行能力を発揮すればよいかが不明確なまま教師が評価されることが繰り返されてはいけない。また、はじめに生徒に達成基準が示されなかったり、達成基準を参照せず改善のフィードバックを受けたりする授業もなくなる。このようなコミュニケーションの過程にコミットすることで、スクールリーダーと教師はともに集中し、より正確に成功を見据えることができるのである。

CHECKLIST
チェックリスト

スクールリーダーは、

□最初から教師とともに達成基準を明確にする。
□達成基準に到達するための教師の期待を年度当初に明確にする。
□組織的な支援体制を用意する。たとえば教師の期待を構造化し、達成基準を可視化する完全習得学習のようなものである。

□教師が達成基準を理解し、またそれに沿って実践していることを確認するために、教師と定期的に会話する。

□教師の授業と生徒へのアセスメントの結果の用い方の両方を観察する。

□形成的評価を用いて達成基準や生徒の学年末目標を達成するための教師の遂行能力について定期的に教師に伝える。

EXERCISES
エクササイズ

1. 教師の遂行能力を測定し報告するための達成基準を用いてセルフ・アセスメントをしてみよう。あなたのセルフ・アセスメントを同僚に示して話し合おう。

2. 完全習得学習を活用した次年度計画を立ててみよう。その計画と実践に向けた調整のありかたについて教師と話し合おう。

3．学年末目標に向けた教師の遂行能力について教師と話し合う機会を定期的にもとう。たんに授業観察を行なっただけの場合と比べて、得られた情報を同僚と比較検討しよう。

Chapter 9

間違えても他者から学んでも安心して学習できるように人間関係と信頼関係を築く

Sugata Mitra
スガタ・ミトラ

エピソード
episode

終端速度

「こんなことしたくない」と僕は思った。

それが何であれ「したくなかった」と言いたいわけではない。オイルに満たされた長い垂直のガラス管が何のためにあるのかまったく理解できなかったし、なぜ僕がその前に立っているのかもわからなかった、というだけのことである。

眠たい月曜日、午後2時の物理教室でのことだ。グローバー先生が僕をじっと見ていた。なるほど、実際には僕を見ていたわけじゃない。だけどグローバー先生の視線は、みんな自分がじっと見られている気分にさせられる視線だった。実験のためのカッコイイ仕掛け、グローバー先生は慣れているに違いない。グローバー先生は僕たちの学校の校長先生で、物事を前に進めるための事務仕事をたくさん抱えていたが、こうした実験の授業が大好きで、よく参観に来ていた。

そんなグローバー先生のプレッシャーを感じながら、僕は目の前のガラス管をじっと見ようとしていた。それは僕と同じくらいの背丈で、センチメートル単位の目盛が入っていた。僕はじっと見ていたけれど、なんの成果も出せなかった。

グローバー先生はわざと大股で僕の方へ歩いてきた。すぐさまごまかそうとして、僕は目を凝らしてガラス管の後ろに貼ってある手順書を読み始めた。でも、パニックになる必要はなかった。グローバー先生は物理教室の一番奥にあるドアの方へ歩いて行きながら、「眼鏡が要るんじゃないかい、スガタ？」とつぶやいただけだったからだ。

グローバー先生が他の先生に勧めていたのは、子どもたちに自分たちで解決させるようにしなさいということだった。そのことを彼は「自己組織化する（self-organizing）」と呼んでいたし、僕たちもそうすることが好きだった。ただ、彼は校長先生だったので、僕たちは少しばかり彼に気を遣っていたのだった。

グローバー先生が通り過ぎてすぐ、「これが何のためのものか知っている？」と僕はリタに聞いてみた。彼女はとても賢くて、みんな彼女に何でも尋ねていた。

そうね…、鉄球をガラス管に落として、その上と中と下あたりで速度を測るものよと彼女が教えてくれるのに3分もかからなかった。鉄球は落下するにつれてスピードを上げ、やがて加速が止まり、一定の速度で下方に落下していった。「終端速度に達したわ」と彼女は言い、たわいもなく笑った。

親友のロイとリタと僕はインターネット画面に向かい、鉄球にかかる重力が特定のポイントでオイルの抗力とまさに拮抗し、他に何の力も加わらなければ、その速度が変化しないことを、わずか数分で理解した。

episode

ガラス管、鉄球、センチメートル表示、ストップウォッチで調べて、これが正解だとわかった。僕は途中で鉄球を2回床に落とし、1回だけ「クソッ!!」と言った。みんな笑っていた。グローバー先生も、その笑顔にヒントをたたえていた。グローバー先生は、僕が本当によくやったと思っていた。僕はグローバー先生の笑顔が好きだった。

1 本章の概略

本章は人間関係と信頼を扱うが、どちらも脅威の認知に関係している。脅威を知覚することが恐怖の原因である。

空想上の「脅威知覚メーター（TMP：Threat Perception Meter）」をつくってみよう。これには半円のアーチ状に左から右へと振れる針がついている。アーチの左は緑、中程に行くにしたがって黄色になり、右が赤色になっている。「脅威知覚メーター」はいつでもどの程度の脅威を感じているかを示してくれる。たとえば、公園を散歩しているとき、大きな犬が首輪を壊してこちらに向かってきたら、「脅威知覚メーター」の針は赤まで振れるだろう。あるいは、仕事から帰宅し、台所でガスの匂いがしたら、針は黄色まで動く。他方、珈琲を手にしてテレビの前に座り、子どもたちは静かに宿題をしていて、連れ合いはフェンスの修理をしていたなら、針は緑を指しているだろう。

脅威知覚メーターが緑色か、黄色か、赤色かによって、私たちは異なる考え方をする。学校のリーダーたちは学習文化の決定に直接の影響力をもつのである。以下その理由を見ていこう。

恐怖と学習

赤色

脅威の知覚が高いと私たちは学ぶことが難しくなる。脳が「立ち向かうか、それとも逃げるか」のモードになっているからだ。このような状態は、理解したり分析的に考えたりするのに最適のモードではない。

教師が生徒のテストの平均値で評価され、親がその平均値を唯一の尺度としか見ない場合、生徒も教師も脅威を感じる。

教師や学習者は脅威を感じると受身になり、目先の目標が行動のよりどころになる。政府でさえ、時にそのような考え方に陥る場合があるため、教育システムを通してその恐怖が全体に拡がることがある。そのようなとき、スクールリーダーは学校と目先の目標との間で立ち尽くさざるを得なくなる。やっかいな仕事だ。

「可視化された学習」の効果量リストではいずれもネガティブな影響力をもつ、表面的な動機づけ（−0.14）、意欲減退（−0.26）、倦怠感（−0.47）は、教育環境で脅威の知覚が高いときに活発となる。

黄色

脅威に対する知覚は低いが、まったくゼロではない場合、私たちは学んでいることに慎重になる。脳の一部はいかなる脅威が生じるかを監視・管理するようになり、別の部分は学習に立ち向かっていく。このため、注意深い教師が生徒に近づくと、学習者は固まってしまうのである。最もすぐれた教師が批判的なスクールリーダーの面前で簡単な質問に答えられなくなるのもこのためである。「エピソード」に登場したグローバー校長は、温厚で親しみやすい人であったにもかかわらず、生徒たちの脅威の知覚は黄色の状態だった。生徒たちが自分たちで学習を進めるには、校長がその場を離れてくれるのを待たなければならなかった。

すべての学習行為は失敗の可能性に脅かされている。教師と生徒はパフォーマンスを発揮できないのである。生徒は学習し、教師は生徒の学習を支援する。スクールリーダーはこのことを実現できる環境をつくらなければならない。このような環境の一例がSOLE、すなわち「自己組織化された学習環境（self-organised learning environment）」である。

もしSOLEを実践できれば、物事は自律的に動き出すだろう。自由に使えるインターネットを用いて、子どもは自分たちで物事を解決し、誤りを正しながら真正の学習に向かっていく。脅威知覚メーターの針は黄色から緑色に変わってゆくだろう。

脅威のない状態とは、心が自由に動き回っているか、あるいは心がアイデアに没頭しているときである。これが、学習環境がめざすべき最高水準の人間の知覚である。小学校に通うとても幼い子どもたちは、しばしばこの安心感を得ているか、もしくは脅威や恐怖のない状態にある。子どもたちは何を尋ねられても即座に答える。彼らは自由で騒々しく協働的に夢中でかかわり合っている。残念なことに、時が流れ、学ぶことよりも覚えることが強調されるようになると、生徒たちはますます質問をしなくなる。スクールリーダーは、人間関係と信頼関係を見直すことで、このような損失を避けられる。

私はこれまで、子どもたちが自分たちで学習を組織して進めることを受け容れ、またそれを推奨するリーダーの効力を見てきた。詳細は２０１９年に出版した『*The School in the Cloud*（クラウドの中の学校）』〔訳者注：Mitra, S. 2019. Corwin〕に詳しい。適切な資源さえ与えられれば、子どもたちはすべて自分たちでグループの活動に参加しながら自己組織化し、学習できるということを、20年にわたる研究を通して私たちは繰り返し見てきた。統制の手綱を放し、脅威のない状態にある子どもたちに自由に学習させるということは、教師やスクールリーダーを脅かすかもしれない。その恐怖とは、「十分な指導がなければ生徒は学習しないはずだ」という思い込みである。しかし自己組織化された環境にある生徒が幾度も正しい答えにたどり着くことは、私たちの研究に一貫して見いだされている。

このような環境をつくるために、スクールリーダーはどのような貢献ができるか、詳しく見ていこう。

2 「可視化された学習」研究のどの要因がこのマインドフレームをサポートするか

このマインドフレームを支える学習効果は次のとおりである。

1 質問すること：これは教育学とともに、この問題に関して言えばリーダーシップの魔法の杖である。学習の全過程は問うことで進んでいく。2500年も前に、ソクラテスはそのことを私たちに示したではないか。

2 学級の強力なまとまり：教師と生徒はともにポジティブな学習目標に向かっていく。

3 教師のコレクティブ・エフィカシー：教師は生徒の学習に影響を及ぼすことができると信じている。

自己組織化は協働を必要とするし、協働は信頼を必要とする。これが物事を完遂する自然な筋道である。信頼感に満たされた雰囲気は、責任感に満たされた雰囲気とは明らかに異なる。「一定の信頼がなければ、教師は他の多くの人々と同様に、仲間割れをし、壁を築き、閉ざされた教室のドアの後ろに引きこもって、使い古された方法に固執するだろう」と、この章を読んでいた本書の編著者のレイモンド・スミス氏（Raymond Smith）は的確に指摘した。

スクールリーダーはこうしたことすべてに影響を与えることができる。これがスクールリーダーにできる最も重要なことであり、また最も興味深いことである。

質問すること

ソクラテスの時代からフロイトの時代になって、私たちは頭を整理するツールとして質問の力を目の当たりにしてきた。しかし今日なお、私たちは問うことをためらってしまう。スクールリーダーはしばしばすべての答えをもっていることを期待される。しかし、スクールリーダーが質問する意欲を見せることがモデルになれば、教師や生徒がより大きな、またよりよい質問をすることを促す方法として大きな力を発揮するのである。

子どもが学習への内発的動機づけを得られるような環境を用意できる者は最高のスクールリーダーであるが、「もっとよい学習方法はありますか、どのようにすれば生徒を学習する主体にできますか」と教師に問いかけるところから始めればよい。

質問は教室でも重要である。生徒の能力に応じて発問できる教師の力が、ＳＯＬＥ（自己組織化された学習環境）をうまく機能させる鍵となる。これが私たちの時代に適う新たな学習指導の姿なのである。あまりにも簡単な発問だと学習過程は無意味なものになってしまう。あまりにも難しすぎる発問は生徒の信頼を損なう。学習は淀み、止まってしまう。そのようなとき、教師が子どもを信頼し続けるには、子どもを励ますことが重要であり、これはスクールリーダーと教師との関係でも同じである。

学級の強力なまとまり

「可視化された学習」研究で、学級の凝集性（まとまり）はしばしば見落とされやすいが、それは0・53の効果量であり、学習を加速させる大きな可能性を秘めている。学級の凝集性は（スクールリーダーと教師と生徒との間の）信頼と互敬によって特徴づけられており、すべての生徒の学習を支援することに重点を置いている。「信頼」でいえば、人は誰しも他者と信頼を築くことができるし、その人にはきっと何かよいところがあるという前提に立っている。学校のすべての教師と生徒がこの前提に立つことができるなら、スクールリーダーはその長所が何かを見つけだすべきである。信頼は長所の上に成り立つのであって、弱点の上に成り立つのではない。残念ながら既存のアセスメント・システムは、弱点ばかり強調している。

本章のはじめに示したエピソードでは、たとえ校長が教室からいなくなったとしても、生徒が自分たちで課題を解決するよう促すことに、その校長は成功していたということである。そう、校長がどんな人物であれ、生徒は校長を警戒するものだ。しかしうまくいったときの校長の微笑みが、すべてを満たしてくれる。私が鉄球を床に落としたとき、校長は何もなかったように振る舞ってくれたが、それは校長にとってもよいことだった。

コレクティブ・エフィカシー

あなたがスクールリーダーであるなら、つくれる学校の雰囲気は次の2種類である。

1 安全で退屈で先が見通せる雰囲気：学校は潤滑油がよく効いた機械のように動いている。この雰囲気をうまくつくっていれば、これ以上スクールリーダーに求められることは何もない。しかし、自身を時代遅れにすることが、あなたの仕事だろうか。

2 安全だが先の見通せない雰囲気：学校は機械ではなく、むしろ庭園に似ている。そこで起きる出来事は必ずしも予測できるものではない。予測できないことが、思いがけない結果をもたらすことにつながる。そこでスクールリーダーは必要とされ、いつも助けることができるわけではないが、しかしいつもそこにいる。スクールリーダーは庭師のようなものだ。育ち方を植物に伝えることはできないが、常に植物の傍にいることはできるし、愛情を注ぎ、耳を傾け、できるときはいつでも助けてやれるし、とりわけ褒めてあげることができる。

皮肉なことに、第1の雰囲気は学習効果の高い3つの影響に簡単に当てはめることができる。機械のように先が見通せる学校では、教師は以前とほぼ同様に、そして間違いなく将来も同様に生徒の学習に影響を及ぼすことができる、とたやすく信じてしまう。生徒は自分自身と仲間の学習の遂行能力を正確に、過去にそうだったように、将来も同様に予測する。教師は以前に観察したことや、将来も同じものを生み出す学校という機械にたとえられるような予測可能な性質を想定することで、教科や実技における生徒の学習の遂行能力を予測する。このような条件なら、スクールリーダーは、幸せなキャンパーではないか。

このような学校が、20世紀の夢の学校だったのである。そのような学校が最高の頭脳と最高の怪物を生み出したのだ。

第2の雰囲気は数多くの考察を必要とする。スクールリーダーは物事を起こすのではなく、物事が生じるように種をまく。未知なるものへの探究を奨励し、「別のやり方はないか」と尋ねる。どんな教科やカリキュラムであっても、学校は私たちの時代にとって最大の課題を扱うことになる。学校は未来がどのようなものになっているかを想像する。ハッティが提唱する「学習に効果を及ぼすもの」のトップ3は、生徒や教師がこれまで経験したことのないほど刺激的で、またおそらく最も困難なものになる。

あなたの学校に勤める教師は、今なお生徒の学習に影響を及ぼすことができると皆信じているだろうか。人間関係と信頼だけがそのような信念を育み強化できる。スクールリーダーは種まきを手伝うためにそこにいるのである。

私には絵画統覚検査（Thematic Apperception Test：TAT）のスコアを読むのがとてもじょうずな同僚がいる。それは彼女がもつ才能である。同時に，彼女は統計がきわめて苦手だ。もし私が彼女の統計的なスキルを改善することに集中していたら，私は決して彼女を信頼できなかっただろう。その代わり，私はＴＡＴスコアを読み解く彼女をとても信頼している。彼女はこのことを理解している。

生徒にとって，あるいは教師にとって，アセスメントレポートは「この人物は○○がとても得意で…」という書き出しで始めるべきである。「改善すべき点は…」という言葉で終えるべきではない。リンゴの木はリンゴの実をつけることが本当に得意だ。同じ木にバナナの実が生るように改善できるだろうか。

3　何から始めればよいか

物理的空間

人間関係や信頼関係を築くことについて，学校の物理的な環境の重要性を私たちは過小評価しがちである。そのような関係性を育んでくれる環境に置かれたときこそ，誰かとかかわり，信頼することができるのである。

安全で、機能的で審美的に心地よい環境に生徒と教師の身を置かせれば、物事は収まるべきところにたやすく収まっていく。できるだけ十分な自然光と新鮮な空気で学校を満たそう。床材は木材、柔らかいタイル、カーペット、あるいは人工芝などに変えてみよう。これはイギリスのとある革新的な学校のスクールリーダーが行なっていたことである。

壁をキャンバスにして創造性と協働性を高めよう。椅子は固定式ではなく可動式にすることで、子どもたちは思い思いのグループをつくり、どこに座りたいか自分で決められるようになる。

物理的な環境の効果は、学校を企画運営する者が見落としがちである。この点に関するステファン・ヘッペル（Stephen Heppell）の研究は瞠目に値する（http://heppell.net/home/）。

おばあさんのやり方

信じるかどうかはともかく、自己組織化された学習は褒められることで支えられる。おばあさんが孫を褒めている様子を思い出してみよう（ここではステレオタイプ的な意味で「おばあさん」と言っている。年齢や性別に関係なく、誰でもよい）。「あらすごい、どうしてわかったの」「どんなふうにしたの、もう一度見せて」「私じゃ絶対にわからないわ」といったシンプルな言い方をすることで、おばあさんは孫がさらに学習したくなる気持ちにさせている。おばあさんは孫に心から愛情を注いでおり、孫もそのことを知っているから、自分の力をおばあさんに印象づけようとするのである。

どんな学校でも、スクールリーダーが果たしうる役割は、単純に褒めるということにつきるのである。グローバー校長先生は私に対してそんな役割を果たしていたのだし、そのおかげで当時の私はより深く終端速度を理解できたのだ。授業を参観し、生徒と接する際、彼らの学習について尋ねてみてほしい。そして、驚いてみせ、褒めてあげてほしい。そうすれば、生徒たちが教えてくれるものに、きっと驚くことになるだろう。

EXERCISES

エクササイズ

●モデルとなる問いかけ

スタッフにもっと質問してほしい。実践上の課題が表明されたら、それを質問に置き換えて、時間を限って検討するよう依頼するのである。それはちょうど、生徒のＳＯＬＥ（自己組織化された学習環境）のセッションと同じである。もし教師たちが自分たちで解決法を見いだしたら、その解決法はよりいっそう教師自身のものになるだろう。

「どう考える?」という問いは、スクールリーダーが誰かに投げかけられる最も強力な教育学上の影響である。私は本当にそう思っている。私はこのことをインドで最も尊敬されていた校長と、1950年代にインドで最初のフロイト派の精神分析学者になった私の父からから学んだ。

また、ある質問をするとき、あらゆる注意力と関心を結集してその答えを聞き取らなければならないことを忘れてはならない。聞いたふりや無関心な様子は何より信頼を壊すことになる。

学級のまとまりをつくる

生徒も教師もテストやその点数を気にしている。もしスクールリーダー(とシステム)が教師の影響力や生徒の遂行力を評価する際、テストの成績だけに依存しているのであれば、信頼関係と人間関係を築く環境全体が損なわれるだろう。状況が変わるまで、スクールリーダーはシステムと生身の人間との間に立ち続けなければならない。生徒や教師はこのことに感謝するだろう。

スクールリーダーは自分なりの方法で、テストの成績からくるストレスを緩和させなければならない。その一つの方法は次のとおりである。

どのテストでも構わないから、ある生徒のグループの成績を取り上げてみよう。そのテストが測定していると思われるものを正しく測定できているかどうか考えて、そのテストに0から1の範囲で点数をつける。この数字をG(テストの適合度)と呼ぼう。たとえば、ある歴史のテストが歴史的知識のある側面だけ測定しているとしよう。あなたはこのテストについてG=0.6とした。すると、テストが測定しているものを除いて、(1-G)はどの生徒も測定されていないと仮定できる(つまり、この場合は

0・4となる)。そうすれば生徒には「疑惑の利益」が与えられる。つまり各生徒に対して、測定されなかった部分の点数を加算するのだ。Gの値を合意したうえでのことになるが、このことを生徒と教師に説明する必要がある。

さて、このプロセスを用いて、個々の生徒の得点を修正しよう。

$$N = N_{max} \times [G \times (S/S_{max}) + (1 - G)]$$

ここでS_{max}とは考えられうる最大値であり、またSは実際の生徒の得点である。

たとえば、Gが0・6と考えたテストで、最大値が10、ある生徒の得点が7点だったとすると、次のように計算できる。

$N = 10 \times [0.6 \times (7/10) + (1 - 0.6)]$、または $N = 8.2$

別の例で、Gが0・8と考えたテストで、最大値が15、ある生徒の得点が7点だったとすると、次のように計算できる。

$N = 15 \times [0.8 \times (7/15) + (1 - 0.8)]$、または $N = 8.6$

このように修正された点数は、テストの点数と生徒の学習遂行能力に対するあなたの考えをより正確に反映するに違いない。修正されたスコアを見て、教師も生徒もより真剣に受け止めるだろう。

教師のコレクティブ・エフィカシーを築く

教師を信頼していると伝えるのは効果的だし、教師にも生徒を信頼するように伝えることは同様に効果的である。生徒(と教師)が自分自身で学習を進めるのに手ごたえを感じるようになればなるほど、当然の結果としてさらに学習することに自信を深めるようになる。教師にも生徒にも、おばあさんの方法で向き合ってみよう。

CHECKLIST チェックリスト

その人の強みを信頼することが人間関係を築く手助けとなり、やがてその人の弱点を克服させると私は信じている。証明はできない。自身で決めることだ。

本章で私が示唆したことを用いてみようと思っているなら、次のチェックリストで自身をテストするとよいかもしれない。

□答えよりも発問に重点を置いているか。

□過去よりも現在そして将来に焦点を合わせているか。
□最後に教師や生徒の学習を褒めたのはいつか。
□学校の物理的な環境が、どのように創造性や協働を促したり妨げたりしているか、そのことを示すデータを集めたことがあるか。

学校は生徒の集団と教師の集団からなる蜂の巣のようなものである。メンバー一人ひとりの強みを結集すれば、全体は強力で完全なものになる。集団の誰かが問題を起こしたとしても、それは問題にならない。なぜなら他の誰かが必ず補ってくれるからだ。あなたはみんなを信頼し愛することができる。信頼と人間関係のネットワークは、たった一人では決してできないほどの複雑で生産的な構造をもつ蜂の巣をつくることができるのだ。

スクールリーダーはその巣のリーダーだ。スクールリーダーはシステムが抵抗しようとする力と、その力に対して学習を推進しようとする力との間で正確にバランスをとっている。あなたの学校は終端速度に達した。

あなたは自分の仕事をやり遂げたのだ。

Chapter

10

学習と学習中の言葉に集中する

Jim Knight
ジム・ナイト

エピソード《エピソード》
episode

ミッシェル・ハリス（Michelle Harris）が「指導コーチンググループ」の著述家兼上級コーチングコンサルタントになる以前、彼女はオレゴン州のビーバートン学区の指導コーチを務めていた。当時、ミッシェルは指導コーチのありかたに関する私たちの研究に参加していた。その研究でミッシェルがかかわっていたコーチングパートナーの1人が、きわめてすぐれた実践力をもつ第6学年担当の理科教師サラ・ラングストン（Sarah Langston）であった。生徒に発問したり傾聴したりするサラの力量、すぐれた教師、よりよい教師になりたいというサラの思い、とりわけ授業がもつ道徳的な目的に対して深く思いをめぐらせていることなど、いかにミッシェルが強く感銘を受けているか、彼女はよく私たちに語ってくれた。サラにとって、授業は社会正義を実現する行為だった。

サラとミッシェルがパートナーを組んだとき、サラはちょうど新しい理科のカリキュラムに取り組み始めたところだった。その単元（the program）は大きな学習目標を掲げていたが、その目標は生徒にわかりやすい言葉で書かれていなかったし、生徒が知らなければならないこと、しなければならないこと、理解しなければならないことが何かがはっきりしない表現になっていた。ミッシェルとサラは、サラがすべきことを話し合い、まず(a)大きな目標を細分化する、(b)形成的評価（d=0.90）を用いて生徒の学習状況を確認する、(c)すべての生徒が学習できるよう調整する、ということを決めた。ミッシェルとの会話を通して、サラは教室で生徒がどのように学習活動を経験しているか検証するため、ビデオで録画することも決めた。

ミッシェルは形成的評価について多くのことを知っていたので、彼女はサラが生徒にわかりやすい明確な言葉で学習目標を細分化するのを手伝うことができた。さらにミッシェルとサラは、どの子が学習していて、どの子が学習していなかったかを毎日アセスメントするために、出口チケット（exit ticket）〔訳者注：授業の終了時などにフィードバックを書いてもらい回収する個票のようなもの〕を発行することにした。その後、サラは生徒の回答を3つに分類した。つまり（a）とても習熟している、（b）習熟している、（c）習熟するよう努力している、という3段階である。ミッシェルとサラは頻繁に会い、どうすればサラがすべての生徒のニーズによりよく応えられるか一緒に考えた。

最初の日、サラのクラスの生徒5人の評価結果が「習熟していない」と出たので、サラは生徒の学習の仕方を調整しなければならないことを知った。しかし、サラは何をすればよいかわからなかった。ミッシェルはインタビューで「(サラは）ここで手詰まりになったのです」と私に話した。もがいている生徒も含め、すべての生徒のニーズに応えるため、発問に対するさまざまな解答例をサラが示し、より習熟度の高い解答にはどんな特徴があるかを生徒に記述させることについてミッシェルとサラは合意した。この話し合いによって、以前は正解できなかった生徒（以前の達成度の効果量は $d = 0.65$）は、成功とはどのようなものかを理解し、理解度を確認する事後のテストで前よりもよい成果を示したのである。ミッシェルは次のように述べた。「習熟していた子どもたちの多くが、次回は「より習熟している」状態になり…、そしてすべての子が「習熟」したのです」。

またサラは自分の授業を記録したビデオを観ることで、よりよい学習環境をつくることもできた。ミッシェルはサラの授業を録画し、その映像をサラと共有した。映像を通してサラが自分の学級を観たとき、英語の授業の際、8人の生徒がどの質問にも何も答えていないことに気づいた。おそらく母国語として英語を話す生徒の中で、その8人は第二言語として英語を話さなければならない不安を感じていたから質問に答えなかったのだろう。

サラはこの映像についてミッシェルと話し合い、学級のすべての生徒が教室での会話の70％以上に参加するという目標を立てた。ミッシェルはサラに「トーキング・トークン（Talking Tokens）」という教授法を用いるよう示唆したが、しかしその教授法はサラとミッシェルが期待したほどの効果をもたらさなかった。そこでミッシェルは「シンク・ペア・シェア（Think-Pair-Share）」という単純な指導方略を提案した。その結果、その8人の生徒全員が目標を達成できたとミッシェルは話してくれた。

episode

2人が協力し始めるようになって、英語を学んでいた生徒は、「少し背筋を伸ばして座り、よく笑うようになった」。「それは教室という共同体にとてもよい影響をもたらした」とミッシェルは述べた。さらに言えば、ミッシェルとともに働き、またこのマインドフレームからいくつかの要素を用いることで、サラは生徒に対してさらによい影響を及ぼすようになったのである。［原注］

episode

1 本章の概略

ハッティとチィーラー（Hattie & Zierer, 2018）の『*10 Mindframes for Visible Learning: Teaching for Success*（可視化された学習のための10のマインドフレーム）』［訳者注：邦訳版　原田信之（訳者代表）『教師のための教育効果を高めるマインドフレーム』北大路書房、２０２１年］の第10章「学習と学習中の言葉に集中する」において、彼らは既有知識と認知構造が個々の生徒に特有の学習をかたちづくると述べている。さらに彼らは、教師は生徒の学習状況をアセスメントし、またすべての生徒が学習できるように生徒の教育経験を導く必要があると述べている。有能な教師は、生徒の学習状況はそれぞれ異なり、生徒の思考や学習は時間とともに発達すると認識しており、生徒が最大限の成

［原注］　オレゴン州ビーバートンとのパートナーシップで行なわれたIES基金による私たちの研究プロジェクトから導かれたこのストーリーの初出は『*High-Impact Instruction*（ハイ・インパクト・インストラクション）』（Knight, 2013）である。

長を遂げられるよう、生徒に固有のニーズに対応した学習環境を用意するのである。

サラ・ラングストンがミッシェル・ハリスと協働で開発した方略は、「学習と学習中の言葉に集中する」というマインドセットの要素の多くを具体化していた。サラが生徒の学習をアセスメントし、授業に適用した形成的評価（$d = 0.34$）は本章で述べた要因の一つではないにもかかわらず、サラがここで述べた要因の多くにかかわって授業が実践できたのは、まさにこの方略のおかげである。形成的評価を通して、サラとミッシェルは生徒が学習しているかどうかを確認し、サラは生徒の既有知識の不足ないしは多様な習熟の水準を克服する数多くの指導方略を実践したのである。

サラがすべての生徒に固有のニーズに対応するのを助けるため、ミッシェルはこのマインドセットの要素の多くを具現化したコーチング・アプローチを採用した。サラはミッシェルとの会話を通して社会的に学習し、仲間との関係を築き、教師の学び、コーチの学び、そして最も重要な生徒の学びにつながる対話的な会話を繰り返してきたのである。ミッシェルは、こうしたアイデアが必要とされたとき、サラの学習を支援するために対話的に知識を共有した。彼女の生徒たちの学習が向上するにつれて、サラもまた進歩したのである。

本章では、コーチングを行なうスクールリーダーが、「学習と学習中の言葉に集中する」というマインドフレームのさまざまな要素を用いて、教師が巧みに生徒固有のニーズに対応できるよう支援する方法を述べる。

■生徒のニーズに教師が巧みに対応できるよう必要なサポートを提供する
■生徒を中心に据えた質問をする
■生徒を中心とした目標を優先させる

2 「可視化された学習」研究のどの要因がこのマインドフレームをサポートするか

ジャン・ピアジェの研究は、ハッティとチィーラー（Hattie & Zierer, 2018）が引用しているこのマインドフレームの主な要素の一つである（ピアジェのプログラムの効果量は $d = 1.28$）。ピアジェは、時間が経過するにつれて、子どもたちが経験している刺激は子どもたちの考え方を変化させ、また子どもたちの考え方が拡張するにつれ、子どもたちはなおいっそう学ぶようになると主張した。

ピアジェは、刺激に対する学習者の反応が、時間とともにピアジェが「**認知構造**」と呼ぶものを発達させるという。いったん認知構造ができあがると、学習者は新しく学習したものを既存の認知構造に取り込んでいくか、もしくはその構造に合わない刺激として経験するかのいずれかであり、学習者は自分たちの考えを変えなければならない。ピアジェは刺激と認知構造の間で学習者が経験する葛藤のことを「不均衡（disequilibrium）」と呼んだ。

ピアジェによると、学習は不均衡によって生じる。ハッティとチィーラー（2018）が書いているように、その不均衡は、学習者が「自分たちがしていること、考えていること、そしていま考えていることに適合させようとしていることが矛盾する――つまり間違いや誤認が特権的な地位に置かれるマインドフレーム――と気づきはじめたときに生じる」。ハッティとチィーラーは、ピアジェの学習理論を考慮したプログラムには「多くの支持」があると述べ、その一例にシェイヤーとアデイ（Shayer & Adey, 1981）の研究をあげている。シェイヤーとアデイによると、学習は（a）学習者が認知的葛藤から生じる不均衡を経験するとき、（b）メタ認知するように促されて自らの思考をコントロールすることを生徒が学んだとき、（c）他の学習者との会話を慎重に構造化して学習が促されているときに学習を加速させることができる、と主張している。

このマインドフレームを支える別の要素は、過去の達成度（効果量 $d = 0.65$）である。生徒たちはそれぞれ異なる地点から授業に入り、有能な教師はこのことを知っており、過去の達成度がどの程度であるかにかかわらず、多様な生徒が自分の学び方を発達させるのを支援する方略を用いるのである。簡単に言えば、生徒は多様な既有知識と学習経験と認知構造をもっているので、生徒を成功に導くには、有能な教師は生徒をアセスメントし、彼らの学習経験を調整しなければならないのである。

3 何から始めればよいか

20年以上にわたるコーチングの研究を通してわかったことは、コーチングの最中にこのマインドセットの要素がさまざまに作用していることである。明らかにコーチングは社会的な学習経験であり、コーチが教師と交わす会話は、教師に固有の学習ニーズに合わせてコーチが構造化して話すべきである。

しかし、ミッシェルとサラが実践した学習会話を行なうには、特別なことが実践されなければならない。たとえば、コーチング的な会話は、信頼関係のないところでは生まれない。コーチは、教師の意見に謙虚で寛容な姿勢で向き合い、協働している教師に対して心の底から最大限の関心をもち、そして協働している教師を信頼していると伝えることによって、信頼関係を築くことができるのである。横柄な態度をとったり、ごまかしたり、説教じみた断定をしたりすると、きまって信頼を損なうことになる。

また、コーチングには他の諸関係とは異なる力関係がある。コーチングの会話とは仲間同士の会話である。管理職といえどもコーチしたいと思うのであれば「上司」という兜を脱ぎ、「コーチング」の帽子をかぶらなければならない。

なぜそうするのか。第1に「何をすべきかを伝えることが、変化を促す方略としてふさわしくない」という事実を、山のように多くの研究が示している（Knight, 2019を参照）。コーチングは、私たちがメンタルモデルあるいはマインドフレームとも呼んでいる認知構造に疑問をもたせるものなので、このことは特に重要である。センゲ（Senge, 1990）が書いているとおり、「メンタルモデルとは、私たちの世界の理解の仕方や行動の仕方に影響を与える、深く心に染みついた仮説であり、一般化であり、絵やイメージである」（p.7）。そして「新しい知見が実践に転移しにくいのは、その知見が世界がどう動くかという深いところで生じる内的なイメージ、すなわち日々馴染んだ考え方や行動の仕方に私たちを追い込んで線引きしてしまうようなイメージと葛藤を起こすから」なのだが、それはまさしくメンタルモデルに起因するのである（p.163）。

コーチングがうまくいくと、生徒が経験していることをそのまま映し出すため、教師の中に不均衡をもたらす。経験によって教師が自身のメンタルモデルに疑問をもつと、それは教師にとって苦痛だし、偉そうに話してくるコーチに抵抗するようになる。私たちの仕事について信じていることの核心を切り開く会話は、重要な仕事であり、安心できる信頼関係があり、教師の認識に寄り添ったものでなければならない。教師がしなければならないことを伝えて承知させることはできるかもしれないが、メンタルモデルを変えることはほとんど不可能だろう。

教師がコーチングを指導する場合、彼らの学習が子どもたちの学習を変えることをどのように保証すればよいだろう。目標が非常に重要な理由はここにある。もし教師が他の教師と協力して目標を設定し、その目標に向けた生徒の学習の進み具合を頻繁に測定すれば、学習は可視化できる。現実を明確に理解することは不均衡につながるので、サラのケースがそうであったように、コーチは教師が何をしてよいかわからないときに、その傍らに寄り添って教師が仕事をするのを助ける必要がある。簡単に言えば、コーチが「学習と学習中の言葉に集中する」というマインドフレームで仕事をしているときには、同じマインドフレームで働いている教師と同様、コーチには教師と生徒が確実に学習できるよう、必要に応じてアレンジしたり、応答したり、導いたりする力が求められる。

CHECKLIST チェックリスト

コーチングの際、

□教師は、挑戦的な学習を通してより向上しようとしている自分たちを助けてくれる誰かと一緒に学ぶとき、さらに学習する。

□スクールリーダーとコーチは、指導方略ではなく、生徒の学習方略に焦点化することで教師とペアを組むべきだ。

□スクールリーダーとコーチは、「もしあなたがこの指導方略を実践すると、生徒にどのような変化が生じると思うか」と尋ねることで、教師の目を生徒に集中させた会話ができる。

□スクールリーダーとコーチは、教師の学習に口出しすべきではなく、必要なときにその学習を支援できるよう十分な見識を備えているべきだ。
□スクールリーダーとコーチは、教師が頻繁に（ほぼ毎日）生徒の学習を測定し、生徒が学習しているかどうか判断し、そして生徒の学習方法を調整できるよう支える必要がある。

EXERCISES エクササイズ

1 信頼関係を構築したいと思うスクールリーダーとコーチ（誰でも、というわけではない）は、自分が他者に説教じみた断定をしたことをすべて日記につけることで、多くのことを学ぶことができる。説教じみた断定は、学習を妨げ、親密さを損なうものなので、コーチングのアプローチを実践しようとする者は、このような断定をしない方法を学ぶことが大切だ。

2　コーチングのスキルを改善しようとするスクールリーダーにとって最善の方法の一つは、コーチング中の会話を自分で録画し、自分のコーチングがいかに効果的かを知ることだ。検討すべき事項は次のとおりである。

・誰が一番話しているか。
・誰が最も考え、意思決定しているか。
・よい聞き手になっているか。相手の話を遮ったり、教師が話していることにつけ加えて補ったり、何をすればよいかを伝えたりしていないか。
・教師が真に考えるのを促すよい質問をしているか。あるいは質問のふりをして実際にはアドバイスになっているような質問をしているか。

3　教育実践の知識を深めるために、指導実践書（instructional playbook）の作成を検討してほしい（Knight et al., 2020 を参照）。

Chapter 11

マインドフレーム：スクールリーダーの「なぜ」の問いかけが学校を成功に導く

John Hattie and Raymond Smith
ジョン・ハッティ，レイモンド・スミス

学校のリーダーシップに関する本は多い。学校のリーダーシップに関する本をAmazonで検索すると、2万件を越える。あなたが私たちと同類だとしたら、あなた自身の学校のリーダーシップに関する信念（ビリーフ）と実践を形成するのに役立つ多くの貴重な本で書棚はいっぱいであろう。学校のリーダーシップについて書かれた多くの本では、成功するには、リーダーシップの特性や資質、一連のスキルを身につけることを読者に勧める。たとえば、個人の能力を高める組織をつくる、学校構想を構築して維持する、データを活用して指導上の決定を行なう、システムの傾向とその影響を知るために内側を探る、自由で開かれた方針に基づいて運営する、可視化する、教室訪問を定期的かつ頻繁に行なうなどである。成功に向けて、たとえば、変革を導くリーダー、奉仕するリーダー、影響力をもつリーダー、変革するリーダー、教育するリーダー、共感するリーダーなど、特定のタイプのスクールリーダーを推奨するような学校のリーダーシップに関する本もある。

1 マインドフレームは私たちがどのように行動するかを積極的にかたちづくる

しかし現時点で、学校のリーダーシップに関する本では、成功を収めたスクールリーダーが自身がなすことの影響をどのように考えているかは、ほとんど説明されていない。Amazonにあげられた学校のリーダーシップの本にざっと目を通すと、著者がある程度それに取り組んでいる3冊の本が見つかった。1冊目は、デヴィッド・ローダーの著書『*The Inner Principal: Reflections on Educational Leadership*（校長の心の奥：教育的リーダーシップの省察）』（Loader, 2016）である。この本は、「心理分析的な視点から書かれている。スクールリーダーの個人的資質、彼女／彼の構想、信念、行動や思考のタイプを考慮しながら人物の内面を検討することで、リーダーシップを探究することに関心があり」（p.2）、校長として著者が在職期間中に学んだ学校のリーダーシップに関する知識が得られる。

2冊目は、アリッサ・ギャラガーとカミ・ソーダルソンの著書『*Design Thinking for School Leaders: Five Roles and Mindsets That Ignite Positive Change*（スクールリーダーのためのデザイン思考：前向きな変化を引き起こす5つの役割とマインドセット）』（Gallagher & Thordarson, 2018）である。この本は、スクールリーダーが時に意図せずして革新的なアイデアや問題の解決策に出合う「偶然のデザイナー」（p.6）として行動するか、もしくは「デザインに触発されたリーダー」になることによって（p.6）、教育をよりよいものにすると主張している。デザインに触発されたリーダーとは、過程や行動に取り組むだけではなく、5つの「仕事で採用するマインドセット」(p.6)に基づいて行動を起こす人である。

3冊目は、第0章で述べた、自分の行動をどのように考えるかがその行動の背景にあるので、それが行動に先行しなくてはならないという考え方に貢献するサイモン・シネックの著書『*Start With Why: How Great Leaders Inspire Everyone to Take Action*（なぜから始めよう：すぐれたリーダーがすべての人に行動を起こすよう促す方法）』(Sinek, 2009)〔訳者注：邦訳は[14]頁を参照〕と『*Find Your Why: A Practical Guide for Discovering Purpose for You and Your Team*（あなたの理由を見つけよう：あなたとあなたのチームの目的を発見するための解説書）』(Sinek, Mead, & Docker, 2017)〔訳者注：邦訳は[14]頁を参照〕である。他にもあるかもしれないが、リーダーシップの考え方に関する書籍を全部あげることはできないので、特徴だけでも受け取ってもらえればと思う。

しかし、もう少し視野を広げて、リーダーがもつ、世界を理解し行動につなげるための価値観に着目した著者を探してみると、教育、組織、リーダーシップに関する文献の分野を充実させ、この分野の一流とみなされる著者が少なくとも4名いる。

・クリス・アージリスとドナルド・ショーンは、個人が相互に影響し合う中で、自身の行動を「デザイン」し、そのための理論を維持するという考えを示した(Argyris & Schön, 1974, 1978)。

・クリス・アージリスは、人々の行動は「信奉理論（彼らが述べること）」〔訳者注：表向きでは標榜しながらも実践しない理論」と必ずしも一致するわけではない一方、メンタルモデル（使用理論）［訳者注：心で信じ、実際の実践を規定する理論］と一致した行動をとるという見解を示した（Argyris, 1982）。

・ピーター・センゲ（Senge, 1990）は、私たちの「メンタルモデル」は私たちの行動を形成するときに機能すると確信している。

・ヴィヴィアン・ロビンソン、マージー・ホヘパ、クレア・ロイドは、「行為論」の重要性と、「参加者が優劣を検討し、変化が望ましいかどうかを合意できるように、リーダー論と教師論を明確化すること」（Robinson, Hohepa & Lloyd, 2009, p.129）を書き残した。

本書の主な目的は、クリス・アージリス、ドナルド・ショーン、ピーター・センゲ、ヴィヴィアン・ロビンソンの著作と同じように、スクールリーダーの思考を支援し、彼らが生徒の学習生活に大きな影響を与えるという考えを強調することである。スクールリーダーは自身の表面化した行動を越えて、その行動を生み出す価値に迫らなくてはならない。そのために、スクールリーダーのための10のマインドフレームを示した。これらの考え方を身につけたスクールリーダーは、生徒の学習に大きな影響を与えうるというのが、私たちの主張である。これら10のマインドフレームに関する章の概略は以下のとおりである。

2 マインドフレームに関する章の概略

第1章では、すべてのマインドフレームの中でおそらく最も重要な「私は教師や生徒の学習に及ぼす影響の評価者である」を考察した。校舎に足を踏み入れ、生徒と教師の学習に対してとる私のリーダーシップの影響を評価することが私の主な役割であると述べるスクールリーダーと、変革をもたらすリーダーとしての価値観を信奉し、教職員を管理することが主な役割であると信じるスクールリーダーには大きな違いがある。これは、私たち（スクールリーダー）がしていること、生徒と教師がしていることを評価し、生徒と教師の目を通して学習を理解し、私たちの行動が生徒と教師がなすことに与える影響、**そして**、生徒と教師の行動が私たちがなす必要があることに与える影響を評価することを意味する。ここでのねらいは、教師や生徒がさまざまなレベルでわかり理解している状態で教師やスクールリーダーの改善努力が進んでいる間に、スクールリーダーが自らの影響力の評価結果を用いて指導方法を「臨機応変に」変更することである。したがって、リーダーシップの決断の価値と重要性に関するフィードバックを求めることが大切である。スクールリーダーは学校内の話を調整できるという主張であり『*10 Mindframes for Visible Learning: Teaching for Success*（可視化された学習のための10のマインドフレーム）』（Hattie & Zierer, 2018）［訳者注：邦訳版　原田信之（訳者代表）『教師のための教育効果を高めるマインドフレーム：可視化された授業づくりの10の秘訣』北大路書房、２０２１年］で概略したように、教職員間に共通する考え方を実行に移すことが、スクールリーダーの主な役割である。

第2章では、最初のマインドフレームの考え方から必然的に生じる側面、「アセスメントは自身の影響と次のステップを知らせてくれるものである」を論じた。第2章で述べたとおり、形成的評価は生徒の学習に重要な影響を与えるものであり、これはスクールリーダーの学習でも同じである。スクールリーダーは、各生徒と教師に対する自身の影響に関するフィードバックを必要とする。したがって、スクールリーダーのフィードバックとしてのアセスメントにかかわる概念（たとえば、忠実性の程度、質、適性、確実なフィードバックの投入量、学校全体での教育実践、教師や生徒の感じ方、観察に基づいたデータ）や、評価者としてのスクールリーダー、フィードバックの受け手である同僚教師や生徒が必要である。スクールリーダーも教師や生徒と同様に、彼らがどこに向かっているのか、どのように向かっているのか、そして、次はどこに向かえばよいのかを話し合い、合意する必要がある。そうすることで、集団（生徒、教師、スクールリーダー）は、学校が採用できる最強の方略の一つに取り組むことになる。つまり、「実行しながら、実行することについて学ぶ」(Fullan, 2010, p.27) のであり、この情報に基づいて次の必要なステップに踏み出すのである。

第3章では、非常に有能なスクールリーダーは、協働的な教師の効力感と蓄積された専門的知識がもつ価値を信頼するという考え、「進歩させたいと考えていることや自身の影響について同僚教師と協働する」を示した。この信念（ビリーフ）は、スタンフォード大学の心理学者であるアルバート・バンデューラ（Albert Bandura）による1970年代からの研究で裏づけられている。彼は、活動グループの原動力の中に興味深いパターンを発見した。自分たちの能力に対するグループの自信がより大きな成功につながるようだと気づいたのである(Bandura,1977)。つまり、人(たとえば、スクールリーダー)がそのチームに見いだす価値が、チームの全体的な行動に影響を与えるのだ。さらにその後の研究で、この現象が多くの分野にわたって当てはまることがわかった(たとえば、Adams & Forsyth, 2006; Goddard et al.,2004)。学校のチーム(たとえば、教師集団)がその能力を発揮し合うことで課題を克服し、目標とされた成果を上げることができるという信念を共有するならば、グループの効力はさらに高まる(Bandura,1993)。

第4章では、非常に優秀なスクールリーダーとそうではないスクールリーダーとを比較して、自身を変化をもたらすエージェント(変化の担い手)とみなすという考え、「私は変化をもたらすエージェントであり、すべての教師や生徒が改善できると信じている」を強調した。つまり、スクールリーダーの役割は、生徒と教師の現状を、スクールリーダーが彼らに望み、わかって理解してほしいように変えることである。ハッティ(Hattie, 2012)は、「もちろんこれは、教育の道徳的目的を強調してしまう」と指摘する(p.162)。このマインドフレームは、達成とは変更可能なものであり、不変または硬直した性質のものでは決してないこと、スクールリーダーの役割はアクティベーターの役割であり学習を妨げないこと、学習とは挑戦であること、社会的・情意的な幸福への関心が学校での参加意識や所属感や達成感にとって重要だと確信するスクールリーダーに関するものである。学校改善計画で設定された学習意図(学校の長期や短期の目標)と達成基準(具体的な学習意図と学習の質基準）を理解することの価値を、スクールリーダーと教師がともに確実に理解することでもある。

第5章「私は「最善を尽くす」だけでなく、チャレンジに努める」では、学校教育はたいていの場合、挑戦に満ちた複雑な取り組みであるという考えを検討した。スクールリーダーは、この挑戦（たとえば、生徒ができることに関するメンタルモデル、教育への教師の信念、生徒の認知発達を温かく促すのを妨げる思考の欠如）を受け入れ、それを彼らが望む挑戦にしなくてはならない。教授と指導の極意は、ある生徒や教師にとって困難であることが、別の生徒や教師にはそうではないかもしれないことを認識することであり、したがって、仲間（たとえば、生徒と教師、教師と教師、教師とスクールリーダー）が協力して違いを認識できるように、個人の違いに常に注意を払い、共通点を探すのである。スクールリーダーの役割は、生徒と教師をどのように学習に挑戦させるかを決定することである。生徒と教師が学習に挑戦するには、学習意図と達成基準について明確にコミュニケーションすることの重要性をスクールリーダーが確信していることである。それはなぜか。生徒と教師がこれを理解すれば、学習の成功にとても重要な挑戦の目的が見えてくるからである。

第6章では、スクールリーダーが飽くなき意欲をもって、「望ましい姿」と「現状」を比較検討し（たとえば、効果的なフィードバック）、実践を改善するために、その検討結果に基づいて行動することを重んじること、「私は教師や生徒にフィードバックを提供して理解できるように支援し、私に与えられたフィードバックを解釈して行動する」ことの決定的な重要性を再検討した。これまでの5つの章の簡単な概略から何かを学んだとしたら、この再検討から、それに基づいて行なわれるフィードバックの価値を深く認識するだろう。実際、実践を改善（変更）するために、フィードバックを与え、その行動に関する情報を求め、提供された情報を解釈して行動することが、スクールリーダーの現状と目標とのへだたりを埋める唯一の方法なのである。

第7章では、スクールリーダーが対話の営みを重視すること、「私は一方向の説明と同じくらい対話を取り入れる」ことが、いかに重要であるかを検討した。この研究は明快である。教師もスクールリーダーも話しすぎている。ヤイール（Yair, 2000）の調査によると、授業時間の70～80％は教師が話している。学校の教職員会議を経験したことがあるなら、私たちは多くの大切なことを話しているとして、スクールリーダーも教師と同じように、一人で喋りまくる印象をもつのは当然であろう。教師とスクールリーダーは情報を伝えなくてはならないが、生徒と教師の学習に耳を傾ける必要がある。傾聴することとは、彼らの質問、考えや思い込み、困難な課題、学習方略、成功、仲間との交流、成果、学習と教授についての見解を聞くことから始まる。別の言い方をすれば、対話では、複雑で繊細な問題を自由に創造的に探究し、相互に深く「傾聴」し合い、自身の見解や信念や思い込みをさらけだす。非常に有能なスクールリーダーは、情報の伝達（一方向の説明）と対話の核心である「深い傾聴」とのバランスがうまく取れた組織を築くことの価値を理解している。

第8章では、目標について明確なコミュニケーション、目標をうまく達成するために個人がすべきことが学習には不可欠であるという非常に有能なスクールリーダーが抱く信念として、「何ができたら成功なのかを最初から教師と生徒に明確に伝えている」ことを強調した。青年期や成人の学習者にとって、彼らが学習目標と達成基準にいつ到達したかを知ることが有益であるのは間違いない。学習における達成基準に触れないまま学校改善に取り組むことは、せっかくの機会の損失である。学習目標を達成する方法が複数あるのは明らかである。しかし、大きな成功を収めたスクールリーダーは、目標が達成される前に達成基準を明らかにすることには価値があり、教室や校舎で学習を成功させ、持続させる秘訣であることを理解している。

第9章では、「文書業務」よりも「人との業務」を優先すること、つまり「間違えても他者から学んでも安心して学習できるように人間関係と信頼関係を築く」という、大きな成功を収めるスクールリーダーが抱く確信について論じた。「場所、場所、場所」という不動産業者のモットーを聞いたことがあるだろう。この反復が何を意味するのか。そして、不動産業者にこれを3回繰り返させるのは何か。簡単に言えば、同じ家でもその立地によって価値が増減する可能性があることを意味する。この重要な投資の格言を覚えるために、強調して3回繰り返しているのである。これは不動産の第1のルールであり、最も見落としがちなルールである。同様に、有能なスクールリーダーの第1のルールは、「関係、関係、関係」である。先のモットーのように、同じ学校でのリーダーシップのとり方でも、生徒と教師とスクールリーダーと親との間の関係性のあり方次第でうまくいったり失敗したりする可能性があることを意味する。信頼と自信、安心、配慮、親しみのある雰囲気は、全般的には教育、特に生徒や教師の達成にとり不可欠である。これには、生徒中心で、刺激的で情熱的なスクールリーダーと教師が必要である。彼らの関心はまず生徒にあり、自身の知識やスキルではない。したがって、学習者（たとえば、生徒、教師、スクールリーダー）が教育過程の起点となり、学習者の成功が教師やスクールリーダーの成功となる。その有力なマインドフレームは、教授と学習が一緒に行なわれ、双方がお互いを必要とするということである。

第10章では、大きな成功を収めたスクールリーダーが、教授と対照的な学習、（青年期と成人の）学習者が学習に持ち込む既有のスキル、方略、動機づけへの焦点化を重視する理論として、「学習と学習中の言葉に集中する」を示した。本章の著者は、学習者が情報を処理して理解するために活用する既有知識と心理プロセスを強調した。これらが、個々の学習者（たとえば、生徒、教師、スクールリーダー）独自の学習方法を形成する。著者は、教師（たとえば、教室内の教師や校内のスクールリーダー）が生徒の学習状況をアセスメントし、すべての生徒が学習できるように生徒の教育体験を導くことがいかに重要であるかも強調した。有能なスクールリーダーは同僚教師と同様に、生徒の学習状況はそれぞれ固有であり、生徒の思考と学習は時間とともに成長することを認識している。したがって、生徒固有のニーズに対応する学習環境を設定し、すべての生徒が自分が予想した以上の成果を上げることができるようにする。

③ Visible Learning® inside

PCユーザーであれば、コンピュータの外装に"Intel Inside"というラベルが貼られているのを見たことがあるか、そのラベルが付いたコンピュータを購入したことがあるだろう。これは何を表わしているのだろうか。「インテル入ってる（"Intel inside"）」とは、宣伝でこのフレーズを表示するコンピュータが、AMDプロセッサー〔訳者注：アドバンスト・マイクロ・デバイセズ社（Advanced Micro Devices）というアメリカの半導体企業のCPU〕ではなく、インテルのCPUを内蔵していることを意味する広告用語にすぎない。言い換えれば、購入している製品の真価を反映するのは、特定の製品の内部にある、**その**部品であることを顧客に伝えるために、インテルは創造的に自社のイメージを刷新したのである。同様に、スクールリーダーのためのこれら10のマインドフレームは、「Visible Learning® inside」を主張できる学校を創造するための本質なのである。別の言い方をすれば、これは、可視化された学習を内蔵した学校の核となる考え方である。すべての生徒の学習と達成に重要な影響を及ぼすために、学校が焦点化しなくてはならない価値を表現している。したがって、スクールリーダーが自身の役割をどのように考えるかが、違いを生むのである。

これは、スクールリーダーに対して、10のポイントやヒント、方略をリスト化して、それをこなしていくことで、非常に有能なスクールリーダーになることを提案するものではない。もっと正確に言えば、本書で示された考え方は、相互に依存し合い、関連し合う構成要素であり、混然一体なのである。つまり、これらのマインドフレームは相互に依存し合い（相互依存）、相互に関係し合っている（相互関連）。たとえば、非常に有能なスクールリーダーが、次のステップを知らせるためのアセスメント・データを定期的に収集したり（例：マインドフレーム2）、進捗状況と影響について同僚と協働したり（例：マインドフレーム3）、生徒と教師が与えられたフィードバックを解釈するのと同時に、フィードバックを行ない、理解を促すようにしたり（例：マインドフレーム6）することなく、すべての中で最も重要なマインドフレーム（「私は教師や生徒の学習に及ぼす影響の評価者である」）だけに焦点化して行なうのは不可能である。この意味で、ハッティとチィーラー（Hattie & Zierer, 2018）が示唆するように、これら10のマインドフレームは蜘蛛の巣をつくり上げる糸のようなものである。蜘蛛の巣の強さが糸自体の弾力性と糸の構造（つまり、分布と配置）に依存するように、マインドフレームの絡み合いの強さは、マインドフレーム自体とそれら相互の関係性に依存する。言い換えれば、「どのマインドフレームも他のマインドフレームと関係があり、どのマインドフレームも他のマインドフレームから生じ、どのマインドフレームも相互的な関係にある。どのマインドフレームも他のマインドフレームに支えられ強化されている」（p.163）。

4 可視化されたスクールリーダー：改善計画の可視化

ルイス・キャロル（Lewis Carroll）の1871年の児童文学の名作『鏡の国のアリス』に登場するアリスのように、私たちが教育用の鏡を通して、過去の学校改善計画の研究とその研究と生徒の成績との関係を眺めることができるとしたら、私たちは何を発見するだろう。たとえば、アリスが想像したような、すばらしいもので満たされ、うまく結びついた学校改善計画の「鏡の家」を見つけられるだろうか、それとも、それはまったく違うもの、つまり、ほとんどつながりのない空っぽなものだろうか。

学校改善の鏡を通して見る

学校改善計画と専門的実践と生徒の成績（パフォーマンス）との正の相関は、一部の人には明白に思えるかもしれない。結局のところ、質の高い計画はあらゆる組織がその目標を達成するのに役立つはずであると、私たちは直感的に考える。言い換えれば、改善計画に関する一連の推論はこうだろう。計画によって、スクールリーダーと計画チームは、優先順位の設定、目標と達成基準の構築、確実に見込まれる方略の確認、教職員の積極的な参加による「学習検討課題」（Boyatzis & McKee, 2005, p.101）を開発することになる。その結果、組織はより内省的で分析的にならざるをえないであろう。何が機能し、何が機能していないかを確認するために、その方針、優先順位、学校全体の実践についての評価とフィードバックを継続的に行なうための計画案と手順も開発することになる。しかし、それは学校改善の年次計画過程で実際にしていることなのか。学校改善の鏡を通して見て、私たちは何を発見したのか。

改善計画と生徒の学力向上を結びつける研究はこれまでほとんどなかった。たとえば、リースウッド、ジャンツィとマケルヘロン＝ホプキンス（Leithwood, Jantzi, & McElheron-Hopkins, 2006）は、生徒の学力を向上させることができる「最も有力な」学校改善過程（school improvement processes：SIP）モデルを作成して分析する混合研究法［訳者注：質的研究と量的研究を相互に組み合わせ、複雑な現象をマクロとミクロの両レベルで分析する研究方法］を実施した。概して、「私たちの確かなSIPモデルの全般的な結果は、生徒の学力において相当量のばらつきがあることを明らかにした」というのが、彼らが到達した結論の一つであった（p.460）。さらに重要なのが、彼らはすぐれた学校改善計画の実行が生徒の得点に影響を及ぼす最大の要因であると発見したことである。すぐれた実行には、「教職員を成長させる機会、学校全体として新しいアイデアから学び、問題を解決する能力、学校関係者との協働」などが重要である（p.461）。本研究の最も驚くべき発見は、「計画の内容も、それを開発するための過程も、少なくとも生徒の学習の得点に有意な影響を及ぼさなかった」ということであった（p.461）。この研究成果は、学校改善計画の内容は生徒の学力向上とは関係しないが、その内容の実行とは関係することを示しているようにみえる。本当に興味深い。

これまでの研究とは異なり、ケネス・フェルナンデス（Fernandez, 2011）は、ネバダ州クラーク郡内の311の学校改善計画について多変量回帰分析を使って、定量的研究を実施した。彼はこの研究で、「各学校の重要な社会経済的特性を調整したときでさえも、SIPの質は、数学と読解の得点における学校改善NRTテスト〔訳者注：集団基準準拠テスト〕の得点（における生徒の平均的な伸び率）と正の関係があり、統計的に有意であった」ことを発見した（p.354）。これら2つの研究を除いて、多くの計画過程に関する歴史的な文献は、計画と生徒の学力向上に強い関連があるという明確で一貫したエビデンスを提示できていない（Armstrong,1982; Kouzes & Posner, 2012; Phillips & Moutinho, 2000）。まったく逆の影響を示す研究もある。型通りの計画は柔軟性がなく、短絡的な実践につながる可能性があるか、もしくは、せいぜい時間と貴重な資源の浪費でしかないというものである（Bryson & Roering,1987; Halachmi,1986; Mintzberg, 1994）。

私たちは自身の目的に即して、「すぐれた計画は、学校改善計画で示された効果的なスクールリーダーの実践と質の高い授業が組み合わさることで、学習効果が向上する可能性を高める」というフェルナンデス(Fernandez, 2011)の結論を支持する。この見解は、可視化された学習で影響力をもつ「目標」によって確かに示される。教師が生徒の目標とともに自身の目標を、自身の目標とともにスクールリーダーの目標をより確かに自覚すればするほど、学習がうまくいく可能性がより高くなる。生徒や教師が目標を共有し、理解すればするほど、彼らがその目標に向かって取り組む可能性がより高くなる。そして、学習者と目標について合意に達することができた教師が多くなるほど、教師と同じ目標を達成するスクールリーダーが多くなるほど、学習はよりうまくいきやすく（そして、楽しみやすく）なる。この信念（ビリーフ）だけみても、すぐれた学校改善計画がいかに重要であるかを示している。

スクールリーダーと学校改善の取り組みを含めた彼らの仕事に関する最後のポイントとして、サイモン・シネック（Sinek, 2019）は、次のように考える。「リーダーは結果に責任を負うのではなく、結果に責任を負う人々に対して責任をもつ。そして、組織の業績を向上させる最善策は、情報が円滑に循環し、間違いを強調でき、支援をしたり、受けたりできる環境をつくりだすことである。要するに、その内輪で安心を感じることのできる環境である。これはリーダーの責任である」（p.129）。「互いをサポートし、強化する関係にある場合、（マインドフレームは）一貫した構造を形成し、ともに安定したウェブを形成することになる」（Hattie & Zierer, 2018, p.163）というマインドフレームのように、非常にすぐれたスクールリーダーは、学校内に強力な専門的知識の関係をつくりだす責任がある。

強力な専門的知識のネットワークの創造

教育者は、企業経営の専門家と同じく、チームにますます依存するようになっている。それは、問題解決、意思決定、コミュニケーション、実行に関する従来の方法が、かつてないほどの時代の変化に対応するだけの速度や柔軟性をもっていないことに彼らが気づいたからである。ハッティ（Hattie, 2015）はこの変化を強調して、「生徒の学習の向上に最も影響を及ぼすのは、非常に専門的、刺激的、情熱的な教師とスクールリーダーが協力して、面倒をみるすべての生徒に対する授業の効力を最大限に発揮することである」と考える（p.2）。この過程において、スクールリーダーは主要な役割を果たす。その役割とは、その学校内の情報に基づいて組織的な専門的知識の取り組みの強力な関係性をつくりだし、思いどおりの変革をもたらすことである。

しかし、グループ活動の問題は、グループで一緒に活動すると、物事が常にうまくいかないように思えることである。大多数の人は、「自分でする」ほうが早くて簡単だと感じているので、グループ活動から得られる相互の貢献とその価値を損なってしまう。物事が順調に進んでいるときであっても、厳しい目と明確に構築された達成基準でしばしば、彼らがもっとうまく行動するための方法を見つけだすことができる。グループ内で起きていることに注目してみよう。スクールリーダーや教師がそこで修正すべき問題が見えてくるはずである。

学校内の全員（スクールリーダー、教師）が、効果の高い協働的な実践を注視すべきである。チームの実行力を観察しよう。グループは、時間、資金、プロセス、人材といった資源をどうすればもっとうまく活用できるのか。足りないもの、妨げになるもの、生み出す必要があるものを探そう。同僚に目を配ろう。励ましが必要なのは誰か、協調性がないのは誰か、混乱しているのは誰か、知識共有や情報交換を妨げる実践をしているのは誰か。逆に、グループの集合的知性［訳者注：グループのメンバーが協力したり、競争したりすることで、そのグループ自体が発揮できるすぐれた知性を意味する］を高める実践に取り組んでいるのは誰か、同僚の信念（ビリーフ）を探究したり、それに挑んだりしているのは誰か、明確な達成基準に基づいてお互いの実践に挑んでいるのは誰か。

明確に表現された達成基準（たとえば、卓越した協働的な行為の明確な記述）を備えた教師とスクールリーダーは、実践を改善するために最も必要なときに必要なフィードバックをグループに与えることができる。それでもグループのメンバーの成果を損なう行動を目撃したら、是正措置をとるようチームの他のメンバーの注意をその問題に向ける勇気をもとう。

チームの成果を保証する最良の方法の一つが、ちょうどよいタイミングで修正できるように、プロセス上の問題を早めに見つけることである。小さいうちに問題を把握しよう。チームのメンバーが古くて非生産的なかけひきに切り替えたり、凝り固まったりする前に、軌道修正しよう。グループの全員が有能で信頼し合って熱心に活動するとしても、グループ内の問題を無視したとしたら、チームとしての成功はない。結果は常にアプローチの仕方次第である。有能なチームは、目的と方法とを切り離すことはしない。チームが成功するうえで、プロセスは潜在的な才能と同じくらい重要である。

今日の学校組織は非常に複雑であり、多くの場合、都市の縮図である。非常に有能なスクールリーダーは、説明責任と革新的な技量を発揮し、パフォーマンスベースの評価システムをじょうずに実行し、時代遅れの運営体制を再設計し、今までとは違う教職員を採用して育成し、（原因と結果の両方の）データを用いて意思決定し、職業文化を構築し、行動規範や学業成績の達成基準とされるところにすべての子どもが到達するのを保証できなければならない。

これらの期待を実現するために、スクールリーダーは確実に、誰もが組織の専門的知識、つまり、集合的知性に簡単にアクセスできるようにしなくてはならない。答えは、主として行動、つまり、実行に最も近いところにいる、最も情報に通じた人々から得る必要がある。組織の目標、期待される実践、彼ら自身がとるべき次のステップとの関連で、自分がどこにいるのかを知ることができるよう、組織内の全員が十分に連携する必要がある。こうした高度に統合されたシステムは、情報に基づいて組織的な取り組みが緊密に絡み合う場合にのみ機能する。

スクールリーダーはこれをどうやってなしとげるのか。なんでも知っているトップになることによってではないことは確かである。むしろ、組織内の全員に権限をもたせることで、他者に特権を与えるのである。誰もが相互につながり、自分のレベルで問題を解決し、考えを生み出し、間違いをして、そこから学べるようにする。非常にすぐれたスクールリーダーは、自分自身の教え方や指導の根拠を実際の、もしくは、予想される生徒への効果と関連づけるために、人と人を結びつける。つまり、彼らの指導に委ねられた生徒の学習生活に大きな効果を与えるために、教師とスクールリーダーが集まり、その考えを振り返り、それに従って行動する機会を組織することによって、協働的な専門的知識を活発にし、拡大する。

非常に有能なスクールリーダーはＤＩＩＥのためにある

リースウッドら（Leithwood et al., 2006）の研究成果に少し戻ってみよう。とりわけ、すぐれた学校改善計画の実行が生徒の得点に影響を与える最大の要因であるという彼らの発見を思い出そう。つまり、生徒の学習改善は、うまくできた行動の副産物である。しかし、学校のほとんどのプログラムは一般的にうまく実行されないという研究上のコンセンサスがある（Dusenbury et al., 2005）。では、もしうまく実行されているとしたら、非常に有能なスクールリーダーは具体的に何をしているのだろうか。

第0章で紹介した「スクールリーダーはDIIEのために！」という考えを思い出そう。つまり、スクールリーダーは診断、介入、実施、評価の専門家でなくてはならない。実施の専門家になるには、スクールリーダーは、忠実性、投入量、適応、提供の質という4つの関連する要因に対応する能力を示さなくてはならない。**忠実性**は、プログラム理論、または、行動計画によって概略された活動の構造と順序の手続き的遵守とみなされる（Domitrovich et al., 2010）。たとえば、あなたが、特定の介入と関連するすぐれた実践をこれまでの研究がどのように説明しているかに応じて、教師と生徒、生徒と生徒、教師と教師、またはスクールリーダーと教師の間で行なわれるフィードバックがさまざまに実践されるように、学校内でフィードバック文化を発展させることに興味があるとしよう。そうすると、最初のステップは、研究が論じるすぐれたフィードバックを構成するものを決定することになる。そのために、前述の例に戻ると、おそらく以下のフィードバックの実践に注目することになるであろう。

・3つの構成要素を含むフィードバックの実践：（達成基準に従って）うまくいったこと、（達成基準に基づいて）改善する必要があること、（達成基準に基づいて）具体的な「次へ」の提案であること。
・学習サイクルの開始時に生徒や教師と共有され、明確にされた学習目標に関連するフィードバックの実践。
・個人としての学習者ではなく、成果や課題、そのためのプロセス、学習者の自己調整に焦点化するフィードバックの実践。

適応とは、たとえば、読書プログラムにおいて言葉を特定の文脈に合うよう変更するといったプログラムの特定の構成要素や提供のプロセスの変更を意味する。前述のフィードバックの例に戻ると、場合によっては、達成基準の代わりに、**尺度**（scales）という用語を使用している学校がある。こうした適応は非常に理にかなっている。**投入量**とは状況に関係なく、具体的な量を測定することである。これは、効果的なフィードバックの実践で与えられたり、提供されたりしたフィードバックの合計といった、網羅性（たとえば、提供された投入量）と影響度（たとえば、受け入れられた投入量）の両方の観点から、実行中の介入に対する影響を受けた度合いを考慮するものである。この場合の**質**とは、実際の提供（つまり、フィードバック）の質を指し、提供過程が開発者の期待（たとえば、構築された達成基準など）に照らして期待どおりであったかどうかを判断するためのアセスメントである。たとえば、教師が生徒にフィードバックを与える場合、または、スクールリーダーが教師にフィードバックを与える場合、そのフィードバックは期待どおりに（つまり、達成基準に従って）提供される。別の言い方をすれば、非常に有能なスクールリーダーは教師と協力し、研究が論じる「忠実性」を構成するもの（前述の箇条書きを参照）を有力な手段として、教師とスクールリーダーの実践、自己省察、（実行のルーブリック内の達成基準に対する）観察的フィードバックを導く学校全体での実行型ルーブリックを開発するということである。それは、このルーブリックが忠実に実行されたかどうかを評価するために機能するからである（Domitrovich et al., 2010）。さらに、ドミトロヴィッチら（Domitrovich et al., 2010）は、「実行の質は普及するプロセスの基礎である」（p.294）と断定する。これらはすべて、「もしうまく実行されているとしたら、非常に有能なスクールリーダーは具体的に何をしているのだろうか」という問いに目を向けたものである。

学校教育の「正当な理由」

サイモン・シネック（Sinek, 2019）が主張するように、「正当な理由」とはまだ存在しない未来についての具体的な構想であり、その構想に向かって前進するために犠牲を払うことをいとわないほど魅力的な未来の状態である。私たちが考える学校教育の正当な理由とは、スクールリーダーと教師が、子どもが学びに来たい、学習に没頭したい、学習の習得を楽しみたいと思い、学習に何度も没頭するような学習環境をつくりだすことである。学校は、貴重な知識、自己や他者の立場、自己や他者の尊重、法の支配と民主主義の基本的前提に関与する方法を子どもに教える場であってほしい。子どもが探究し、創造し、好奇心をもち、考えを関連づけて転移（応用）させるような場へと誘う学校が望ましい。これらは、彼らが大人になったときに、私たちが彼らにまさに求め、示してもらいたい特性だからである。

スクールリーダーと教師は子どものために未来を創造するのではなく、今、彼らの未来を創造しているのである。彼らは現在の考え方を批判して覆し、新しい未来を創造するだろう。私たちの役割は、人々を訓練したり、生徒に一連のスキルを身につけさせたり、何らかの方法で現状にうまく合わせるよう彼らに求めることではない。私たちが必要としているのは、集団で善をより信頼できるものにし、求められるものにするための道徳的な怒り、思いやり、勇気である。これらを実行する最良の方法が、情報が円滑に循環し、間違いを臆することなく、すべての生徒が安心して授業を受けることができる環境をつくることだと私たちは考える。

私たちが考える学校教育の正当な理由は、子ども時代を楽しんでほしいという子どもに対する私たちの深い願望に根ざしている。それが、成人や市民になるのを楽しむ方法を学ぶ最良の要因の一つだからである。

訳者代表あとがき

本書は、既刊書『教師のための教育効果を高めるマインドフレーム：可視化された授業づくりの10の秘訣』（北大路書房、２０２１年）の姉妹書であり、オーストラリア・メルボルン大学名誉教授ジョン・ハッティとスクールリーダー養成の専門家レイモンド・スミスとのコラボレーションにより、２０２１年にコーウィン社から出版された"*10 Mindframes for Leaders: The Visible Learning Approach to School Success*"を邦訳したものである。これを「スクールリーダーのための10のマインドフレーム：学校を成功へと導く可視化された学習のアプローチ」と訳すことができるが、姉妹書との違いを明確にするため、書名は『スクールリーダーのための教育効果を高めるマインドフレーム：可視化された学校づくりの10の秘訣』とした。

本書のねらいは、学校を今よりも少しでもよくしたいと願い、学校改善に取り組もうとしている学校関係者に「一貫した考え方の枠組みと、改善の取り組みを前進させるための具体的な実践的方略の両方を提供する」（13頁）ことにある。この学校改善のための考え方の枠組みを示したものが10のマインドフレームである。そのマインドフレームを貫いて実践的方略が展開されることで、同じ実践的方略であっても「何かが変わった」という手ごたえをつかむことが期待されている。

これまで教育の質的向上を求めてきたインプット・アウトカム型の教育政策が定着して久しいが、それにより学校教育においてもＰＤＣＡの経営サイクルは日常化した。その中で学校改善計画は「あらゆる組織がその目標を達成するのに役立つはずである」（１９４頁）、つまり、質の高い教育をめざすのであれば、質の高い計画が必要である、と私たちはどこか信じ込まされているところはないだろうか。

これに対するハッティらの見解は明解である。彼らは、リースウッドらの調査研究を取り上げ、「すぐれた学校改善計画の実行が生徒の得点に影響を及ぼす最大の要因」であり、「計画の内容も、それ（計画）を開発するための過程も、少なくとも生徒の学習の得点に有意な影響を及ぼさなかった」（１９５頁）とした研究結果を提示する。この研究結果は、計画をつくり終えたところでホッと安堵してしまう教育現場のマインドに警鐘を鳴らす。学校改善計画の開発実践（計画づくり）は、実際に多くの学校で定着している。しかし、学力向上に効果があるのは、当然のことながら、計画の実行（＝現実化）においてこそだという。従来の先行研究では、「計画と生徒の学力向上に強い関連があるという明確で一貫したエビデンスを提示できていない」（１９６頁）というのがリアルな現実である。ここにメスを入れるため、本書では、「すぐれた計画は、学校改善計画で示された効果的なスクールリーダーの実践と質の高い授業が組み合わさることで、学習効果が向上する可能性を高める」（１９６頁）

とするフェルナンデスの見解を支持し、この視点から高い成功が見込まれるエビデンスデータに基づく学校改善の急所が論じられている。ここでいう効果的なスクールリーダーの実践に求められる教師や生徒たちとの向き合い方を示すのがマインドフレームであり、本書はその10に集約されたマインドフレームに沿って展開されている。

「マインドフレーム」とは聞きなれない言葉かもしれないが、姉妹書の「邦訳版の刊行に寄せて」では、「授業準備・授業中・授業後になされる一瞬一瞬の判断にこそより大きな意味」があり、「生徒に与える影響を考えること、あれではなくこれをするという判断の仕方、解釈と評価のスキルにおける専門性」の重要さが説かれている。これは、わが国では「教育的タクト」として認識されてきたが、ある瞬間に何かを判断したり、解釈・評価したりするときに、その奥底で働くのがここでいう専門性であり、それをハッティらはマインドフレームと呼んだのである。

マインドフレームに近い言葉としては、キャロル・ドゥエックの著作によりもたらされた、「マインドセット」（成長マインドセットと硬直マインドセット）の概念が日本では広まっている。ドゥエックは、人の知性や能力は変えることができるという信念をもっているか、それとも不変のものとして捉えるのかによって、人の成長の差が顕れると説いた。ハッティに問い合わせたところ、このドゥエックの二分法的な用法だと、硬直マインドセットを成長マインドセットに変えようという、単純化の罠に陥ってしまうことから、マインドセットの語を用いなかったという。これに相当する言葉を日本のこれまでの教育実践の歴史から探そうとすると、浮かんできたのは「○○観」であった。たとえば、教育観、授業観、指導観、子ども観などである。授業研究会などでも、教職専門性の奥底で働く「観」という言葉を末尾に付し、授業者の基本的スタンスや構え、子どもと向き合う姿勢を問う姿が思い起こされた。この「観」と相似関係にあるのが「マインドフレーム（心的枠組み、ものの見方・考え方や認知の枠組み）」と考えればよいだろう。

姉妹書のほうは、子どもの学びを向上させるための教師のマインドフレームを扱っている。本書は、子どもたちにとっての人的・物的な学習環境である学校を学びの雰囲気にあふれ、安心して学べる場、挑戦できる場にすることをめざすスクールリーダーのマインドフレームを扱っている。これは教師集団のマインドフレームといってもよいだろう。本書が大事にしている点は、「すべての生徒の学習と達成に重要な影響を及ぼすために、学校が焦点化しなくてはならない価値」（192頁）といった言語化しにくい学校改善実践のあり方の可視化であり、奥底で働く専門性を見える化することである。見える化することとは、目に見えない何かに振り回されることなく、改善のための糸口をつかめるということである。糸口がつかめるとチャレンジに結びつく。教師の学び方や学びへの取り組み方を変えることで、子どもたちの学びを向上させるという、間接的な教育効果の高まりに主眼が置かれている。子どもにとっての最大の教育環境は教師自身ということである。

特に、有能なスクールリーダーの第一条件として、「関係、関係、関係」があげられているところは説得力に富む。「同じ学校でのリーダーシップのとり方でも、生徒と教師とスクールリーダーと親との間の関係性のあり方次第でうまくいったり失敗したりする」（190頁）ことは、経験的にも理解できるところであり、こうした関係性の教育学を基盤にして論じられているところがきわめて現実的である。

生徒が学んでいなければ、それを自身はどのように解釈・評価しているだろうか。自らのマインドフレームを内省してみよう。生徒側に問題があると捉えるのか、適切な指導法を提供できていない大人の側の問題と捉えるのかで、その後の展開が大きく変わってくる。生徒が学んでいない実態を非難めいた言葉で説明するとどのような結果をもたらすか、それが逆効果であることは自明であろう。生徒と同様に教師に対しても、成功への期待は低すぎても高すぎてもいけない。自らが喋りまくるのを減らし、相手の話に耳を傾け、相互に関心を寄せて協調・協働の雰囲気を校内に充満させるだけでも関係性は向上する。

有能なリーダーは、ことあるごとに次のステップとして、どこに向かって進めばよいのかを判断するのに、アセスメントを定期的に行ない、収集したデータに基づいて判断する（マインドフレーム2）。進捗状況と影響（打った手の効果）について同僚と協働して話し合ったり、協調行動をとったりする（マインドフレーム3）。生徒と教師が自分に与えられたフィードバックを解釈・省察したり、フィードバックを与えて、そのフィードバックを糸口にして理解の輪が広がるようにしたりする（マインドフレーム6）（193頁参照）。この例からも、10のマインドフレームは、ネットワーク的につながっているものであり、マインドフレームを真に理解するには、このマインドフレームを一つひとつ身につけていくといった習得型の要素主義を排し、脱境界的・越境的な視野をもつことが大切である。

以上のことからも、姉妹書が豊かな「学習文化」創出の秘訣を提示するのに対し、本書は、豊かな「学校文化」創出に焦点化されている。そこでは、従来の学校改善論で語られてきた言説を、学習科学の豊かな知見をふまえ、ハッティが導きだした、確かな「可視化された学習」研究のデータに基づく解説が展開されている。各マインドフレームに造詣の深い教師教育の専門家をラインナップし、学校という教育の場を挑戦的な学びの場、活力あふれる空間に変えたいと願う教職員やスクールリーダー、教員研修講師向けに書かれている。

ハッティの研究では、世界の実証的研究をメタ統合し、そこから得られた教育効果要因を基盤にした、確固たるスクールリーダー像が描出されている。姉妹書と比べると、2021年に刊行された本書のメタ分析の対象研究数は1400から1600に増大し、これは世界最大級の教育研究データに基づく書と位置づけられる。そのデータと「もしうまく実行されているとしたら、非常に有能なスクールリーダーは具体的に何をしているのだろうか」（201頁）という経験的実践知（有能者のパフォーマンス）とを照合させているところが、ハッティらの研究の真骨頂といえるところである。

豊かな「学校文化」創出に効果をもたらす10のマインドフレームは、まさにハッティの教育効果研究のハイライトゾーンといえるだろう。
ハッティの可視化された学習研究三部作と同様に、本書は日本においても多くの読者の手にとられることが期待され、ハッティ研究のシリーズ本として、教育実践の知見をも統合した有力なエビデンスベース研究としての位置を広く教育界に示せるものと確信している。

2022年9月
訳者を代表して　原田 信之

索　引

【人名索引】

【事項索引】

文　献

Adams, C. M., & Forsyth, P. B. (2006). Proximate sources of collective teacher efficacy. ***Journal of Educational Administration, 44***(6), 625–642.

Archibald, T., Sharrock, G., Buckley, J., & Cook, N. (2016). Assumptions, conjectures, and other miracles: The application of evaluative thinking to theory of change models in community development. ***Evaluation and Program Planning, 59,*** 119–127.

Argyris, C. (1982). ***Reasoning, learning and action: Individual and organizational.*** San Francisco: Jossey-Bass.

Argyris, C., & Schön, D. A. (1974). ***Theory in practice: Increasing professional effectiveness.*** San Francisco: Jossey-Bass.

Argyris, C., & Schön, D. A. (1978). ***Organizational learning: A theory of action perspective.*** London: Addison-Wesley.

Armstrong, J. S. (1982). The value of formal planning for strategic decisions: Review of empirical research. ***Strategic Management Journal, 3,*** 197–211.

Ausubel, D. P. (1968). ***Educational psychology: A cognitive view.*** New York: Holt, Rinehart & Winston.

Baker, A., & Bruner, B. (2012). ***Integrating evaluative capacity into organizational practice.*** Cambridge, MA: Bruner Foundation. Retrieved from www.evaluativethinking.org/docs/ Integ_Eval_Capacity_Final.pdf

Bandura, A. (1977). Self-efficacy: Toward a unifying theory of behavioral change. ***Psychological Review, 84***(2), 191–215.

Bandura, A. (1986). ***Social foundations of thought and action: A social cognitive theory.*** Englewood Cliffs, NJ: Prentice-Hall.

Bandura, A. (1993). Perceived self-efficacy in cognitive development and functioning. ***Educational Psychologist, 28***(2), 117–148.

Bandura, A. (1998). Personal and collective efficacy in human adaptation and change. In J. G. Adair, D. Belanger, & K. L. Dion (Eds.), ***Advances in psychological science, Volume 1: Social, personal, and cultural aspects*** (pp. 51–71). Hove, UK: Psychology Press.

Bandura, A. (2000). Exercise of human agency through collective efficacy. ***Current Directions in Psychological Science, 9***(3), 75–78.

Bloom, B. S. (1968). Learning for mastery. ***Evaluation Comment (UCLA-CSEIP), 1***(2), 1–12.

Bloom, B. S. (1971). Mastery learning. In J. H. Block (Ed.), ***Mastery learning: Theory and practice*** (pp. 47–63). New York: Holt, Rinehart and Winston.

Bloom, H. S., Hill, C. J., Black, A. R., & Lipsey, M. W. (2008). Performance trajectories and performance gaps as achievement effect-size benchmarks for educational interventions. ***Journal of Research on Educational Effectiveness, 1***(4), 289–328.

Boyatzis, R., & McKee, A. (2005). ***Resonant leadership.*** Boston: Harvard Business.
（ボヤツィス，R.，マッキー，A.　田中健彦（訳）(2006).　実践 EQ 人と組織を活かす鉄則――「共鳴」で高業績チームをつくる　日本経済新聞社）

Bryson, J., & Roering, W. D. (1987). Applying private-sector strategic planning in the public sector. ***Journal of the American Planning Association, 53,*** 9–22.

Bulris, M. E. (2009). ***A meta-analysis of research on the mediated effects of principal leadership on student achievement: Examining the effect size of school culture on student achievement as an indicator of teacher effectiveness*** (Unpublished doctoral dissertation). East Carolina University, Greenville, North Carolina.

Cavanaugh, A. (2015). ***Contagious culture: Show up, set the tone, and intentionally create an organization that thrives***. New York: McGraw-Hill Education.

Cohen, J., McCabe, E. M., Michelli, N. M., & Pickeral, T. (2009). School climate: Research, policy, practice, and teacher education. ***Teachers College Record, 111***(1), 180–213.

Domitrovich, C. E., Gest, S. D., Jones, D., Gill, S., & Sanford Derousie, R. M. (2010). Implementation quality: Lessons learned in the context of the Head Start REDI trial. ***Early Childhood Research Quarterly, 25***(3), 284–298.

Donohoo, J., Hattie, J., & Eells, R. (2018). The power of collective efficacy. ***Educational Leadership, 75***(6), 41–44.

Donohoo, J., & Katz, S. (2020). ***Quality implementation: Leveraging collective efficacy to make "what works" actually work.*** Thousand Oaks, CA: Corwin.

Dusenbury, L., Brannigan, R., Hansen, W. B., Walsh, J., & Falco, M. (2005). Quality of implementation: Developing measures crucial to understanding the diffusion of preventive interventions. ***Health Education Research, 20***(3), 308–313.

Fernandez, K. E. (2011). Evaluating school improvement plans and their affect on academic performance. ***Educational Policy, 25***(2), 338–367.

Fisher, D., Frey, N., Almarode, J., Flories, K., & Nagel, D. (2020). ***The PLC+ playbook: A hands-on guide to collectively improving student learning grades K–12.*** Thousand Oaks, CA: Corwin.

Fisher, D., Smith, D., & Frey, N. (2020). ***The teacher credibility and collective efficacy.*** Thousand Oaks, CA: Corwin.

Fullan, M. (2009). ***The challenge of change: Start school improvement now!*** Thousand Oaks, CA: Corwin.
Fullan, M. (2010). ***Motion leadership: The skinny on becoming change savvy.*** Thousand Oaks, CA: Corwin.
Fullan, M. (2014). ***The principal: Three keys to maximizing impact.*** San Francisco: Jossey-Bass.（フラン，M. 塩崎 勉（訳）(2016). The Principal——校長のリーダーシップとは 東洋館出版社）
Fullan, M. (2015). ***The new meaning of educational change*** (5th ed.). New York: Teachers College Press.
Fullan, M. (2019). ***Nuance: Why some leaders succeed and others fail.*** Thousand Oaks, CA: Corwin.
Fullan, M., Quinn, J., & Adam, E. (2016). ***The taking action guide to building coherence in schools, districts, and systems.*** Thousand Oaks, CA: Corwin.
Fullan, M., Quinn, J., & McEachen, J. (2018). ***Deep learning: Engage the world change the world.*** Thousand Oaks, CA: Corwin.（フラン，M.，クイン，J.，マッキーチェン，J. 濱田久美子（訳）(2020). 教育のディープラーニング——世界に関わり世界を変える 明石書店）
Fullan, M., & Rincon-Gallardo, S. (2016). Developing high-quality public education in Canada: The case of Ontario. In F. Adamson, B. Astrand, & L. Darling-Hammond (Eds.), ***Global education reform: How privatization and public investment influence education outcomes*** (pp. 169–193). New York: Routledge.
Funnell, S. C. (2000). Developing and using a program theory matrix for program evaluation and performance monitoring. ***New Directions for Evaluation, 2000***(87), 91–101.
Gallagher, A., & Thordarson, K. (2018). ***Design thinking for school leaders: Five roles and mindsets that ignite positive change.*** Alexandria, VA: ASCD.
Garmston, R., & Wellman, B. (1999). ***The adaptive school: A sourcebook for developing collaborative groups.*** Norwood, MA: Christopher Gordon Publishers.
Goddard, R. D. (2001). Collective efficacy: A neglected construct in the study of schools and student achievement. ***Journal of Educational Psychology, 93***(3), 467–476.
Goddard, R. D., Goddard, Y., Kim, E. S., & Miller, R. (2015). A theoretical and empirical analysis of the roles of instructional leadership, teacher collaboration, and collective efficacy beliefs in support of student learning. ***American Journal of Education, 121,*** 501–530.
Goddard, R. D., Hoy, W. K., & Woolfolk Hoy, A. (2004). Collective efficacy beliefs: Theoretical developments, empirical evidence, and future directions. ***Educational Researcher, 33***(3), 3–13.
Gully, S., Incalcaterra, K., Joshi, A., & Beaubein, J. M. (2002). A meta-analysis of

teamefficacy, potency, and performance: Interdependence and level of analysis as moderators of observed relationships. ***Journal of Applied Psychology, 87***(5), 819–832.

Guskey, T. R. (2010). Lessons of mastery learning. ***Educational Leadership, 68***(2), 52–57.

Guskey, T. R., & Link, L. J. (2019). The forgotten element of instructional leadership: Grading. ***Educational Leadership, 76***(6). Retrieved from http://www.ascd.org/publications/educational-leadership/mar19/vol76/num06/The-Forgotten-Element-of-Instructional-Leadership@-Grading.aspx

Halachmi, A. (1986). Strategic planning and management?: Not necessarily. ***Public Productivity Review, 40***, 35–50.

Hargreaves, A., & Fullan, M. (2012). ***Professional capital: Transforming teaching in every school.*** New York: Teachers College Press.

Harlen, W. (2007). ***Assessment of learning.*** London: Sage.

Hattie, J. (2009). ***Visible Learning: A synthesis of over 800 meta-analyses relating to achievement.*** New York: Routledge.（ハッティ，J.　山森光陽（監訳）(2018).　教育の効果――メタ分析による学力に影響を与える要因の効果の可視化　図書文化社［部分訳］）

Hattie, J. (2012). ***Visible Learning for teachers: Maximizing impact on learning.*** New York: Routledge.（ハッティ，J.　原田信之（訳者代表）(2017).　学習に何が最も効果的か――メタ分析による学習の可視化：教師編　あいり出版）

Hattie, J. (2015). ***What works best in education: The politics of collaborative expertise.*** New York: Pearson.

Hattie, J. (2019). ***Visible Learning: 250+ influences on student achievement.*** Thousand Oaks, CA: Corwin.

Hattie, J., & Timperley, H. (2007). The power of feedback. ***Review of Educational Research, 77***(1), 81–112.

Hattie, J., & Zierer, K. (2018). ***10 mindframes for Visible Learning: Teaching for success.*** London: Routledge.（ハッティ，J.，チィーラー，K.　原田信之（訳者代表）(2021).　教師のための教育効果を高めるマインドフレーム――可視化された授業づくりの 10 の秘訣　北大路書房）

Hattie, J. A., & Donoghue, G. M. (2016). Learning strategies: A synthesis and conceptual model. ***NPJ Science of Learning, 1,*** 16013. Retrieved from https://www.nature.com/articles/npjscilearn201613

Hendriks, M. A., Scheerens, J., & Sleegers, P. (2014). Effects of evaluation and assessment on student achievement: A review and meta-analysis. In M. A. Hendriks, ***The influence of school size, leadership, evaluation, and time on student outcomes*** (pp. 127–174). Enschede, The Netherlands: University of Twente.

Illeris, K. (2015). The development of a comprehensive and coherent theory of

learning. ***European Journal of Education, 50***(1), 29–40.
Isoré, M. (2009). ***Teacher evaluation: Current practices in OECD countries and a literature review*** (OECD Education Working Papers No. 23). Retrieved from https://www.oecd-ilibrary.org/teacher-evaluation-current-practices-in-oecd-countries-and-a-literature-review_5ksf76jc5phd.pdf
Kingston, N. M., & Nash, B. (2011). Formative assessment: A meta-analysis and a call for research. ***Educational Measurement: Issues and Practice, 30***(4), 28–37.
Kingston, N. M., & Nash, B. (2015). Erratum. ***Educational Measurement: Issues and Practice, 34***(1), 55.
Kluger, A. N., & DeNisi, A. (1996). The effects of feedback interventions on performance: A historical review, a meta-analysis, and a preliminary feedback intervention theory. ***Psychological Bulletin, 119***(2), 254–284.
Knight, J. (2007). ***Instructional coaching: A partnership approach to improving instruction.*** Thousand Oaks, CA: Corwin.
Knight, J. (2013). ***High-impact instruction: A framework for great teaching.*** Thousand Oaks, CA: Corwin.
Knight, J. (2019). Why teacher autonomy is central to coaching success. ***Educational Leadership, 77***(3), 14–20.
Knight, J., Hoffman, A., Harris, M., & Thomas, S. (2020). ***The instructional playbook: The missing link for translating research into practice.*** Lawrence, KS: One Fine Bird Press.
Kouzes, J. M., & Posner, B. Z. (2012). ***The leadership challenge: How to make extraordinary things happen in organizations*** (5th ed.). San Francisco: Jossey-Bass.
Leahy, S., Lyon, C., Thompson, M., & Wiliam, D. (2005). Classroom assessment: Minuteby-minute and day-by-day. ***Educational Leadership, 63***(3), 18–24.
Leahy, S., & Wiliam, D. (2009). ***Embedding formative assessment.*** London: Specialist Schools and Academies Trust.
Leithwood, K., & Jantzi, D. (2008). Linking leadership to student learning: The contributions of leader efficacy. ***Educational Administration Quarterly, 44***(4), 496–528.
Leithwood, K., Jantzi, D., & McElheron-Hopkins, C. (2006). The development and testing of a school improvement model. ***School Effectiveness and School Improvement, 17***(4), 441–464. doi: 10.1080/09243450600743533
Leithwood, K., Louis, K. S., Anderson, S., & Wahlstrom, K. (2004). ***How leadership influences student learning.*** New York: The Wallace Foundation.
Leithwood, K., Strauss, T., & Anderson, S. (2007). District contributions to school leaders' sense of efficacy: A qualitative analysis. ***Journal of School Leadership, 17***(6), 735–770.
Link, L. J. (2018). Finding expertise in your own backyard: K–12 educators collaborate

with a nearby university to devise a strategy that serves both partners' needs and interests. ***School Administrator, 10***(75), 38–42.

Link, L. J. (2019). Leadership in grading reform. In T. R. Guskey & S. M. Brookhart (Eds.), ***What we know about grading: What works, what doesn't, and what's next?*** (pp. 157–194). Alexandria, VA: ASCD.

Little, J. W. (1990). The persistence of privacy: Autonomy and initiative in teachers' professional relations. ***Teachers College Record, 91***(4), 509–536.

Loader, D. (2016). ***The inner principal: Reflections on educational leadership.*** Torrance, CA: Constructing Modern Knowledge Press.

Locke, E., & Latham, G. (1990). ***A theory of goal setting and task performance.*** Englewood Cliffs, NJ: Prentice-Hall.

Locke, E., & Latham, G. (2006). New directions in goal-setting theory. ***Current Directions in Psychological Science, 15***(5), 265–268.

Lortie, D. (1975). ***School teacher: A sociological study.*** Chicago: University of Chicago Press.

Manna, P. (2015). ***Developing excellent school principals to advance teaching and learning: Considerations for state policy.*** New York: The Wallace Foundation.

Marzano, R., Waters, T., & McNulty, B. (2005). ***School leadership that works: From research to results.*** Alexandria, VA: Association for Supervision and Curriculum Development.

Marzano, R. J. (2012). The two purposes of teacher evaluation. ***Educational Leadership, 70***(3), 14–19.

Marzano, R. J., Gaddy, B. B., Foseid, M. C., Foseid, M. P., & Marzano, J. S. (2005). ***A handbook for classroom management that works.*** Alexandria, VA: ASCD.

Mielke, P., & Frontier, T. (2012). Keeping improvement in mind. ***Educational Leadership, 70***(3), 10–13.

Mintzberg, H. (1994). ***The rise and fall of strategic planning.*** New York: The Free Press.（ミンツバーグ，H.　中村元一（監訳）　黒田哲彦・崔 大龍・小高照男（訳）(1997).「戦略計画」創造的破壊の時代　産能大学出版部）

Noguera, P. (2008). ***The trouble with black boys: ...and other reflections on race, equity, and the future of public education.*** San Francisco: Jossey-Bass.

Nystrand, M. (1990). Sharing words: The effects of readers on developing writers. ***Written Communication, 7***(1), 3–24.

Nystrand, M., & Gamoran, A. (1991). Instructional discourse, student engagement, and literature achievement. ***Research in the Teaching of English, 25***(3), 261–290.

Nystrand, M., Wu, L. L., Gamoran, A., Zeiser, S., & Long, D. A. (2003). Questions in time: Investigating the structure and dynamics of unfolding classroom

discourse. *Discourse Processes, 35*(2), 135–198.

Papay, J. P., & Kraft, M. A. (2016). The myth of the performance plateau. *Educational Leadership, 73*(8), 36–42.

Perry, A. (1908). *The management of a city school.* New York: Macmillan.

Phillips, P. A., & Moutinho, L. (2000). The strategic planning index: A tool for measuring strategic planning effectiveness. *Journal of Travel Research, 38*, 369–379.

Pollock, M. (2017). *Schooltalk: Rethinking what we say about and to students every day.* New York: New Press.

Popper, K. R. (1959). *The logic of scientific discovery.* New York: Routledge. (ポパー, K. R. 大内義一・森 博 (共訳)(1971–1972). 科学的発見の論理 上・下 恒星社厚生閣)

Quinn, J., McEachen, J., Fullan, M., Gardner, M., & Drummy, M. (2020). *Dive into deep learning: Tools of engagement.* Thousand Oaks, CA: Corwin.

Ramos, M., Silva, S., Pontes, F., Fernandez, A., & Nina, K. (2014). Collective teacher efficacy beliefs: A critical review of the literature. *International Journal of Humanities and Social Science, 4*(7), 179–188.

Redfield, D. L., & Rousseau, E. W. (1981). A meta-analysis of experimental research on teacher questioning behavior. *Review of Educational Research, 51*(2), 237–245.

Robinson, V. (2009). *Open-to-learning conversations: Background paper. Module 3: Building Trust in Schools Through Open-to-learning Conversations.* First-time Principals Programme. The University of Auckland: NZ.

Robinson, V., Hohepa, M., & Lloyd, C. (2009). *School leadership and student outcomes: Identifying what works and why: Best evidence synthesis iteration [BES].* Auckland, New Zealand: Ministry of Education.

Robinson, V. M. J., Lloyd, C. A., & Rowe, K. J. (2008). The impact of leadership on student outcomes: An analysis of the differential effects of leadership types. *Educational Administration Quarterly, 44*(5), 635–674.

Ruiz-Primo, M. A., & Li, M. (2013). Examining formative feedback in the classroom context: New research perspectives. In J. H. McMillan (Ed.), *Sage handbook of research on classroom assessment* (2nd ed., pp. 215–232). Thousand Oaks, CA: Sage.

Sanders, M. (2014). Principal leadership for school, family, and community partnerships: The role of a systems approach to reform implementation. *American Journal of Education, 120*(2), 233–255.

Sandoval, J., Challoo, L., & Kupczynski, L. (2011). The relationship between teachers' collective efficacy and student achievement at economically disadvantaged middle school campuses. *Journal on Educational Psychology, 5*(1), 9–23.

Saphier, J. (2017). The principal's role in high expectations of teachers. ***Principal, 96***(3), 8–11.

Scriven, M. (1967). The methodology of evaluation. In R. W. Tyler, R. M. Gagne, & M. Scriven (Eds.), ***Perspectives of curriculum evaluation*** (pp. 39–83). AERA Monograph Series on Curriculum Evaluation, 1. Chicago: Rand McNally.

Scriven, M. (1991a). Beyond formative and summative evaluation. In M. W. McLaughlin & D. C. Phillips (Eds.), ***Evaluation and education at quarter century*** (90th yearbook of the National Society for the Study of Education, pp. 18–64). Chicago: University of Chicago Press.

Scriven, M. (1991b). ***Evaluation thesaurus***. Newbury Park, CA: Sage.

Seijts, G., & Latham, G. (2005). Learning versus performance goals: When should each be used? ***Academy of Management Executive, 19***(1), 124–131.

Senge, P. M. (1990). ***The fifth discipline: The art and practice of the learning organization.*** New York: Doubleday.

Shaw, D. (2017). Accomplished teaching: Using video recorded micro-teaching discourse to build candidate teaching competencies. ***Journal of Interactive Learning Research, 28***(2), 161–180.

Shayer, M., & Adey, P. (1981). ***Towards a science of science teaching: Cognitive development and curriculum demand.*** London: Heinemann.

Sinek, S. (2009). ***Start with why: How great leaders inspire everyone to take action.*** New York: Penguin Random House.（シネック，S.　栗木さつき（訳）(2012).　WHY から始めよ！――インスパイア型リーダーはここが違う　日本経済新聞出版）

Sinek, S. (2019). ***The infinite game.*** New York: Penguin Random House.

Sinek, S., Mead, D., & Docker, P. (2017). ***Find your why: A practical guide for discovering purpose for you and your team.*** New York: Penguin Random House.（シネック，S.，ミード，D.，ドッカー，P.　島藤真澄（訳）(2019). FIND YOUR WHY――あなたとチームを強くするシンプルな方法　ディスカヴァー・トゥエンティワン）

Slavin, R. E., Hurley, E. A., & Chamberlain, A. M. (2003). Cooperative learning and achievement. In W. M. Reynolds & G. J. Miller (Eds.), ***Handbook of psychology: Volume 7: Educational psychology*** (pp. 177–198). Hoboken, NJ: Wiley.

Smith, K. (2018). ***Clarity first***. New York: McGraw-Hill.

Speckesser, S., Runge, J., Foliano, F., Bursnall, M., Hudson-Sharp, N., Rolfe, H., & Anders, J. (2018). ***Embedding Formative Assessment: Evaluation report and executive summary***. London: Education Endowment Foundation.

Stone, D., & Heen, S. (2014). ***Thanks for the feedback: The science and art of receiving feedback well.*** New York: Penguin.（ストーン，D.，ヒーン，S.　花塚 恵（訳）(2016).　ハーバード――あなたを成長させるフィードバッ

クの授業　東洋経済新報社）
Sue, D. W., Bucceri, J., Lin, A. I., Nadal, K. L., & Torino, G. C. (2007). Racial microaggressions and the Asian American experience. ***Cultural Diversity and Ethnic Minority Psychology, 13***(1), 72–81.
Suftka, K. J., & George, M. D. (2000). Setting clear and mutual expectations. ***Liberal Education, 86***(1), 48–54.
Thapa, A., Cohen, J., Guffey, S., & Higgins-D'Alessandro, A. (2013). A review of school climate research. ***Review of Educational Research, 83***(3), 357–385.
Tomlinson, C. A. (2006). An alternative to ability grouping. ***Principal Leadership, 6***(8), 31–32.
Tschannen-Moran, M. (2014). ***Trust matters: Leadership for successful schools*** (2nd ed.). San Francisco: Jossey-Bass.
Tschannen-Moran, M., Woolfolk Hoy, A., & Hoy, W. K. (1998). Teacher efficacy: Its meaning and measure. ***Review of Educational Research, 68***(2), 202–248.
Tuytens, M., & Devos, G. (2016). The role of feedback from the school leader during teacher evaluation for teacher and school improvement. ***Teachers and Teaching, 23***(1), 6–24.
Wahlstrom, K., & Louis, K. S. (2008). How teachers experience principal leadership: The roles of professional community, trust, efficacy, and shared responsibility. ***Educational Administration Quarterly, 44***(4), 458–495.
Welch, J., & Hodge, M. (2017). Assessing impact: The role of leadership competency models in developing effective school leaders. ***School Leadership & Management, 38***(4), 355–377.
Wiggins, G. (2012). Seven keys to effective feedback. ***Educational Leadership, 70***(1), 10–16.
Woolley, A. W., Chabris, C. F., Pentland, A., Hashmi, N., & Malone, T. W. (2010). Evidence for a collective intelligence factor in the performance of human groups. ***Science, 330,*** 686–688.
Yair, G. (2000). Educational battlefields in America: The tug-of-war over students' engagement with instruction. ***Sociology of Education, 73***(4), 247–269.

■訳者代表紹介

原田 信之（はらだ・のぶゆき）

名古屋市立大学大学院人間文化研究科　教授（博士・教育学）
日本学校教育学会会長，日本協同教育学会理事

〔研究滞在〕 ドイツ学術交流会（DAAD）客員研究員（1994 年エッセン総合大学，2000-01 年ヒルデスハイム大学），オルデンブルク大学招聘客員教授（2004-05 年），ハレ大学招聘客員教授（2010 年）

〔主要著訳書〕

『教師のための教育効果を高めるマインドフレーム：可視化された授業づくりの 10 の秘訣』ジョン・ハッティ，クラウス・チィーラー著（訳者代表）北大路書房 2021 年
『教育効果を可視化する学習科学』ジョン・ハッティ，グレゴリー・イエーツ著（訳者代表）北大路書房　2020 年
The Teaching of the History of One's Own Country（分担執筆）Wochenschau 2020 年
『カリキュラム・マネジメントと授業の質保証』（編著）北大路書房　2018 年
『学習に何が最も効果的か』ジョン・ハッティ著（訳者代表）あいり出版　2017 年
『ドイツの協同学習と汎用的能力の育成』あいり出版　2016 年
『ドイツ教授学へのメタ分析研究の受容：ジョン・ハッティ「可視化された学習」のインパクト』（共編著）デザインエッグ　2015 年
Handbuch Didaktik des Sachunterrichts（分担執筆）Verlag Julius Klinkhardt　2015 年
『ドイツの統合教科カリキュラム改革』ミネルヴァ書房　2010 年
『リニューアル　総合的な学習の時間』（共編著）北大路書房　2009 年
Unterrichten professionalisieren（分担執筆）Cornelsen Verlag Scriptor　2009 年
『総合的な学習の時間』（編著）ぎょうせい　2008 年
『確かな学力と豊かな学力』（編著）ミネルヴァ書房　2007 年
Sachunterricht in Praxis und Forschung（分担執筆）Klinkhardt　2005 年
『授業方法・技術と実践理念』（編訳）北大路書房　2004 年
Grundschule: Sich Lernen leisten（分担執筆）Luchterhand　2000 年
『21 世紀の学校をひらくトピック別総合学習』（共編著）北大路書房　1999 年
『子どもが生きている授業』（共編著）北大路書房　1994 年　　他多数

■訳者一覧

原田　信之　（訳者代表）…………………………… 邦訳版の刊行に寄せて，0 章，4 ～6 章，訳者代表あとがき
田端　健人　宮城教育大学教育学部…………… 1 ～3 章
宇都宮明子　島根大学教育学部………………… 7 章，11 章
髙旗　浩志　岡山大学教師教育開発センター… 8～10章

ドミニク・スミス　Dominique Smith　[7 章]

ヘルスサイエンス中・高カレッジで教育サービスおよび教師・生徒サポートスタッフの主任を務めている。修復的実践，学級経営，成長思考，達成の文化に焦点化した研究・指導を行なっている。幼稚園から高校までの教員を対象に，大小さまざまなグループで，教室や学校の風土，組織に関するテーマの専門的な学習機会を提供してきた。著書として，“*The Teacher Credibility and Collective Efficacy Playbook*（教師の信頼性とコレクティブ・エフィカシー実践書）”(2020)，“*All Learning Is Social and Emotional*（すべての学習は社会的・情動的である）”(2018)，“*Building Equity*（平等性を構築する）”(2017）などがある。

ローラ・リンク　Laura Link　[8 章]

ヒューストン大学公共サービス学部都市教育学科准教授（教育指導・政策）であり，30 年以上にわたり，幼稚園から高校までの教育機関でリーダーシップを発揮し，小・中・高・大学生を指導してきた。主な研究テーマは，効果的な成績評価方法，コラボレーション，意味のある評価を優先するスクールリーダーや組織文化の育成と支援である。“*Cornerstones of Strong Schools*（力強い学校の条件）”(2007)，“*What We Know About Grading*（成績づけについて知っておくべきこと）”(2019）の中の Leadership for Grading Reform（成績づけ改革のためのリーダーシップ）の著者であり，大学のコミュニティ・エンゲージメント賞も複数受賞している。ハイ・インパクト・リーダーシップ，K-12 グレーディング，習得学習，研究と実践のパートナーシップ，教師支援というテーマで全国的に講演を行なってきた。

スガタ・ミトラ　Sugata Mitra　[9 章]

インターネットと子どもの学習に関する教育の第一人者であり，低侵襲教育(MIE)という言葉を生み出した「壁の穴」実験(1999)で国際的に知られるようになった。インド，イギリス，アメリカから多くの賞や名誉博士号を授与されているほか，史上初の 100 万ドルの TED 賞を受賞（2013)。彼の画期的な活動は，ジェリー・ロスウェルのドキュメンタリー映画“The School in the Cloud（クラウドの中の学校)”(2018）や，最近出版された同名の著書（2019）で紹介されている。

ジム・ナイト　Jim Knight　[10 章]

指導的コーチング・グループのシニアパートナーであり，カンザス大学学習研究センターのコーチング・プロジェクトの指導者を務めている。20 年以上にわたって指導的コーチングの研究を行ない，著書 “*Instructional Coaching*（指導的コーチング)”（2007）でこのテーマを一般に広めた。“*The Impact Cycle*（インパクト・サイクル)”（2017)，“*Better Conversations*（優れた会話)”（2015）などの著者であり，6 大陸で 10 万人以上の教育関係者に講演してきた。

ザレッタ・ハモンド　Zaretta Hammond　[5 章]

全米コンサルタントであり，“*Culturally Responsive Teaching and the Brain*（文化的対応型教授法と脳）”（2015）の著者であり，‘*Educational Leadership*（教育的リーダーシップ）’，‘*The Learning Professional*（ラーニング・プロフェッショナル）’，‘*Phi Delta Kappan*（ファイ・デルタ・カッパン）’に記事を発表してきた。全米の学区，地域教育サービス機関，コーチング組織に対し，指導者，コーチ，教師が文化対応型教授法を通じて生徒の学習を加速させるための支援方法について広くコンサルティングを提供してきた。

ピーター・M・デウィット　Peter M. DeWitt　[6 章]

コンピテンシーベースのワークショップを開催し，スクールリーダーシップ（協調的文化および指導的リーダーシップ）と包括的な学校風土の醸成に焦点を当てた講演を国内外で行なっている。彼の研究は州や大学で採用され，北アメリカ，オーストラリア，スカンジナビア，イギリスにおいて，学区，教育委員会，地域ネットワーク，教育省とも連携している。北アメリカでスクールリーダーシップコーチとして 10 人の指導者コーチチームとともに，指導的リーダーシップに重点を置いて活動している。ジョン・ハッティと共同で可視化された学習のトレーナーも務めている。多くの著書を有し，最新刊に “*Instructional Leadership: Creating Practice Out of Theory*（インストラクショナル・リーダーシップ：理論から実践を生みだす）”（2020）がある。

ダグラス・フィッシャー　Douglas Fisher　[7 章]

サンディエゴ州立大学において教育的リーダーシップを専門にする教授であり，ヘルスサイエンス中・高カレッジの指導者でもある。公立学校と非営利団体で教師，言語能力開発専門家，管理者を務めた経験があり，数十年にわたりプロフェッショナル・ラーニング・コミュニティに従事し，教育と学習に影響を与えるシステムを設計・実施するチームを構築してきた。“*Developing Assessment-Capable Visible Learners*（アセスメントのできる可視化された学習者を育成する）”（2018）や “*Engagement by Design*（デザインによるエンゲージメント）”（2017）など，教育や学習に関する著書を多数出版している。

ナンシー・フレイ　Nancy Frey　[7 章]

サンディエゴ州立大学教育リーダーシップ学部教授であり，ヘルスサイエンス中・高カレッジの指導者でもある。公立学校で特別支援教育の教師，読書専門家，管理職を歴任し，プロフェッショナル・ラーニング・コミュニティのメンバーとして，すべての生徒の指導と学習を改善するための学校全体のシステム設計に携わってきた。“*The Teacher Clarity Playbook*（迷わない指導をする教師の実践書）”（2018），“*Rigorous Reading*（厳密な読解）”（2013）など，多数の著書を出版している。

■著者略歴

ジャネット・クリントン　Janet Clinton　[1章]

メルボルン教育大学教授（副学部長と副研究科長を兼任）。評価学を専門とし，同大学の教師・教育効果研究センター所長でもある。評価者，教育者，著者として国内外での幅広い経験を有し，オーストラリア，ニュージーランド，アメリカにおいて，特に健康や教育など複数の分野で国内外の120を超える研究プロジェクトを主導してきた。評価の理論と方法論の開発に取り組み，教員や教育の効果，実施モデル，チェンジ・マネジメントや能力開発のためのツールとしての評価の活用を中心に活動している。

ディラン・ウィリアム　Dylan Wiliam　[2章]

ロンドン大学の教育アセスメントを専門とする名誉教授。都市部の公立学校で教鞭をとり，ラージスケールテストプログラムを指揮し，教育学部の学部長やニュージャージー州プリンストンにある教育試験サービス（ETS）のシニアリサーチディレクターなど，さまざまな役職で大学の管理職を務めてきた。この20年間は，世界中の教師が学習支援のために評価の力を活用できるよう支援することに重点を置いて活動してきた。

ジェニー・ドノフー　Jenni Donohoo　[3章]

研究者，教育コンサルタントとして国際的に講演活動を行なっている。世界中の教育行政やスクールリーダー，教師とともに，質の高いプロフェッショナル・ラーニングを支援し，"*Quality Implementation*（質保証の取り組み）"（2019），"*Collective Efficacy*（コレクティブ・エフィカシー；集合的効力感）"（2016），"*The Transformative Power of Collaborative Inquiry*（協働探究の変革力）"（2016）などの著者でもある。教師のコレクティブ・エフィカシーに着目した査読つき論文を発表している。

マイケル・フラン　Michael Fullan　[4章]

ディープ・ラーニングのための新しい教育方法論グローバル・イニシアチブの共同リーダーであり，教育改革の世界的権威として知られ，すべての子どもたちの学習の道徳的目的を達成するために，政策立案者や地域の指導者に助言を与えてきた。2012年12月にカナダ勲章を受章。多作で受賞歴のある執筆家であり，その著書は多くの言語で出版されている。近著として，コーウィン社刊行の"*Nuance*（ニュアンスの違い）"（2018），メアリー・ジーン・ギャラガーとの共著書"*The Devil Is in the Details*（ディテールに宿る悪魔）"（2020）がある。

■編著者略歴

ジョン・ハッティ　John Hattie

ジョン・ハッティ博士は，いくつもの受賞歴を有する教育研究者であり，30 年近く生徒の学習と学力に何が最も効果的かを検証してきたベストセラー作家である。彼の研究は，「可視化された学習（Visible Learning）」としてよく知られている。この研究は，世界中の 3 億人以上の生徒を対象とした 10 万件以上の研究からなる 1700 件以上のメタ分析研究を，約 30 年間にわたり再統合した集大成である。350 以上の国際会議で発表や基調講演を行ない，その教育貢献が認められ，数多くの表彰を受けてきた。主な著書に *"Visible Learning"*［邦訳（部分訳）『教育の効果』図書文化社］，*"Visible Learning for Teachers"*［邦訳『学習に何が最も効果的か』あいり出版］，*"Visible Learning and the Science of How We Learn*（可視化された学習と教育科学）"，*"Visible Learning for Mathematics*（数学授業のための可視化された学習）"，最新作に *"10 Mindframes for Visible Learning"*［邦訳『教師のための教育効果を高めるマインドフレーム』北大路書房］などがある。

レイモンド・スミス　Raymond Smith

レイモンド・スミス博士は，コーウィンプレスの著者コンサルタントを務めている。コーウィンに入社する前は，コロラド大学デンバー校の健康科学センターにおいて非常勤の教授として教鞭をとり，現在はフロリダ・アトランティック大学でリーダー養成プログラムを担当している。スミス博士は，38 年以上にわたり，教育機関（高等学校校長），中央官庁（中等教育局長），大学に勤務するなどの経験を有する。

2007 年に教育的リーダーシップとイノベーションをテーマに博士号を取得した後，オハイオ州の教育省のために連載記事を執筆したり，共著で 3 冊の本を著したりした。最初の本は *"School Improvement for the Next Generation*（次世代のための学校改善）"（2010）であり，2 冊目は *"The Reflective Leader*（省察するリーダー）"（2012）である。3 冊目は *"The Responsive School*（省察する学校）"（印刷中）である。

リーダーシップやリーダーシップ開発に関する執筆活動に加え，コーウィン社が擁する 21 人の可視化された学習コンサルタントの一人として，ジョン・ハッティ教授の「可視化された学習」研究に基づくワークショップで指導的な役割を果たすなど，学びの活性化にも取り組んでいる。また，ジェームズ・ポーファム博士の研究である，正当な教員評価プログラムの設計と実施に関するワークショップも開催している。

スクールリーダーのための
教育効果を高めるマインドフレーム
――可視化された学校づくりの10の秘訣

2022年12月10日　初版第1刷印刷
2022年12月20日　初版第1刷発行
定価はカバーに表示してあります

編著者　ジョン・ハッティ
　　　　レイモンド・スミス
訳者代表　原田信之
発行所　(株)北大路書房
〒603-8303　京都市北区紫野十二坊町12-8
電話　(075) 431-0361(代)
FAX　(075) 431-9393
振替　01050-4-2083

編集・デザイン・装丁　上瀬奈緒子(綴水社)
印刷・製本　亜細亜印刷(株)

北大路書房の好評関連書

教師のための
教育効果を高めるマインドフレーム
——可視化された授業づくりの10の秘訣

ジョン・ハッティ，クラウス・チィーラー 著
原田信之 訳者代表

四六判・324頁・本体2700円＋税
ISBN978-4-7628-3174-4

学習を成功へと導く授業とは？　そのために，教育者はどのように自身の指導と役割を考えればよいのか。熟練教師の実践知とメタ分析によるエビデンスを融合。教師のコンピテンシーと両輪となって，教職専門性を支える10の「心的枠組み」を示す。メタ認知，フィードバック，協働的な学びなど，現場のリアルな課題に応える。

［目次］

［原書］Hattie, J., & Zierer, K. (2018). 10 Mindframes for Visible Learning: Teaching for Success. Routledge.